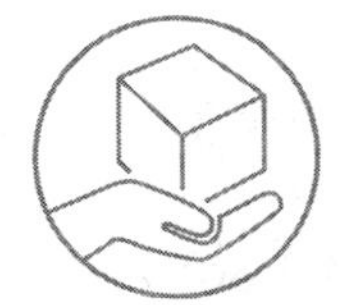

服务经济崛起

“互联网+”时代的服务业升级与服务化创新

THE RISE OF SERVICE ECONOMY

程晓　邓顺国　文丹枫◎著

中国经济出版社
CHINA ECONOMIC PUBLISHING HOUSE
北京

图书在版编目（CIP）数据

服务经济崛起："互联网＋"时代的服务业升级与服务化创新/
程晓，邓顺国，文丹枫著.
北京：中国经济出版社，2018.3（2024.1 重印）
ISBN 978－7－5136－5019－9

Ⅰ.①服… Ⅱ.①程… ②邓… ③文… Ⅲ.①服务业—经济发展—研究—中国 Ⅳ.
①F726.9

中国版本图书馆 CIP 数据核字（2017）第 307421 号

责任编辑　牛慧珍
责任印制　马小宾
封面设计　久品轩工作室

出版发行　中国经济出版社
印 刷 者　永清县晔盛亚胶印有限公司
经 销 者　各地新华书店
开　　本　710mm×1000mm　1/16
印　　张　16.75
字　　数　220 千字
版　　次　2018 年 3 月第 1 版
印　　次　2024 年 1 月第 2 次
定　　价　88.00 元
广告经营许可证　京西工商广字第 8179 号

中国经济出版社 **网址** www.economyph.com **社址** 北京市东城区安定门外大街 58 号 **邮编** 100011
本版图书如存在印装质量问题，请与本社销售中心联系调换（联系电话：010－57512564）

前言

无论是经济全球化的宏观背景，还是中国经济发展的内在需求，都对我国现代服务业的发展提出了一系列新的挑战，也为我国现代服务业的发展带来了前所未有的重大机遇。在全球经济持续低迷、我国经济转型步入关键时期的局面下，对服务业结构进行改造升级，使国内企业融入全球价值链中并提高其核心竞争力，为我国经济提质增效找到一条新的发展之路显得尤为关键。

改革开放后，国内经济保持快速增长，甚至创造出了持续 30 年年均增长率高达 9.8% 的世界奇迹。但与此同时，也带来了环境污染、效率低下、资源浪费、经济结构单一等诸多方面的问题，而加快现代服务业的转型进程，建立以服务经济为主体的经济结构，为解决这些问题提供了有效途径。

近两年来，“工业 4.0” 以多米诺骨牌般的魔力效应席卷全球，给全球服务型业态带来了颠覆性变革，当前世界各国正全面转向服务经济时代——社会财富的主要创造力量从第一、第二产业向服务业转移。服务业也由此成为评判一个国家或地区经济发展和现代化水平高低的重要依据。整体来看，服务经济将成为未来世界经济发展的主流趋势。

目前，主流的服务经济定义包括两种：一是服务部门在工业化经济中扮演的角色越发关键，它可以通过服务业在 GDP 中占据的比重进行考核（普遍以 60% 为临界点）。二是服务对产品的价值。毋庸置疑的

是，如今服务在消费决策中发挥的作用越发关键，业内人士将这种趋势称为"产品服务化"，产品和服务之间的界限越发模糊。

被提升至国家战略高度的"互联网+"战略，可谓是产业服务化的典型代表。本质上，TMT（科技、媒体、通信）属于服务业，以腾讯、阿里巴巴、百度为代表的互联网服务企业爆发出了惊人能量，在国际舞台上接连挫败海外巨头。相比之下，钢铁、汽车等制造企业近几年的表现令从业者信心大受打击，在传统制造业企业面临转型困境之际，滴滴出行、饿了么、今日头条等初创企业却受到了各路资本方的一致青睐。

我们看到华为、海尔、美的等工业企业正在向制造业服务化转型。以华为为例，很多人习惯性地将通信设备出身、年销售额5216亿元的华为定义为制造业企业，这种定义在5年前并没有什么问题，但如今则不是如此，华为将自身定义为"全球领先的信息与通信解决方案供应商"，通过为客户提供端到端ICT解决方案和服务创造价值。

在调结构、去产能的特殊时期，制造业就业空间明显缩减，在这种情况下，服务经济在促进就业方面的价值得到了充分体现，不仅是传统的餐饮、家政、租赁等服务企业吸收了大量劳动力，更涌现出了淘女郎、淘宝美工等一系列全新的服务岗位。服务经济时代，推动经济发展的核心驱动力是消费而不是投资，和通过投资提高服务业产能相比，为消费者提供充分满足其个性化需求的产品及增值服务能够创造更多的价值。

服务经济崛起将促使我国宏观经济结构发生颠覆性变革，从工业经济迈向服务经济是一项庞大而复杂的系统工程，创业者及企业需要明确目标、革新思维模式与经营理念，而政府需要充分发挥自身在维护市场、完善政策等方面的主体责任，为服务经济在全国范围内的推广普及奠定坚实基础。然而就当前国内的许多企业而言，依然普遍存在着服务意识缺失的现象，在传统工业时代，这一问题基本不会给企业发展带来实质性影响，因为影响消费决策的因素主要是产品质量、价格、实用性等。然而进入产能严重过剩的新消费时代后，消费者购买产品时，并非仅关注产品本身，对整个购物过程尤其是服务体验有了极高的要求。

以凭借极致服务体验而快速崛起的火锅品牌海底捞为例，从性价比角度来看，海底捞火锅并没有优势甚至还处于劣势，但仍有大量消费者不惜排队等几个小时，也愿意为之埋单，最为关键的因素在于，服务体验如今在人们的消费决策中扮演着十分关键的角色。

从本质上看，传统服务业具有无形性、难以存储性及生产消费同时性等特征，所以，企业为客户提供的主要是本地化服务。而在“互联网+”时代，服务业被赋予了新的内涵，在IT技术、移动互联网、大数据、云计算、物联网等技术的支撑下，企业可以随时随地为客户提供各种优质服务，和单纯的销售产品相比，服务尤其是融入高科技的现代服务在溢价能力方面明显更具优势。

普通人很难想象英国航空发动机制造商罗尔斯·罗伊斯公司不卖飞机引擎，而卖飞行时间与维修服务，但该公司通过“以4%的成本换来65%的效益”的成功实践，让我们了解到了服务经济的巨大想象空间。在全球大型客机引擎市场中，罗尔斯·罗伊斯公司的市场份额高达45%，但在运营过程中，管理层发现：虽然飞机引擎的直接维护成本仅占总运营成本的4%，但总运营成本中有65%的支出是直接或间接和引擎相关的。

不久后，该公司管理层创造性地推出了“将引擎出租给航空公司，并通过物联网、大数据等技术为客户提供引擎全生命周期服务”的商业模式，在降低客户成本、提高引擎使用寿命的同时，使自身的盈利能力获得大幅度提升。这一商业模式改写了行业规则，吸引了包括GE在内的诸多飞机引擎制造商纷纷效仿。

事实上，罗尔斯·罗伊斯公司的案例不过是现代服务业重塑产业发展格局的"冰山一角"，融入了新技术、新模式、新思维的现代服务业在各个行业引发了一系列变革，并将成为推动中国经济增长的新引擎。

经济全球化趋势下，得益于人口红利、政策扶持、廉价的原材料等方面的优势，我国成功参与到了全球价值链中，并吸引了大量海外企业在国内投资建厂，使我国成为"世界工厂"。但国内企业在全球产业链中普遍处于溢价能力较低的低端环节，利润主要被海外品牌商获得，在越发强调创新能力的国际市场，"世界工厂"不是美誉，而是一种讽刺。而且这种粗放型经济模式，也极易引发同质化竞争与价格战泛滥问题，对我国经济的持续健康发展有极大的负面影响。

要想从制造业经济升级为服务型经济，使我国从制造大国转变为服务大国，绝不是一件简单的事情，既需要政府在顶层设计方面的宏观指导，也需要创业者及企业在基层探索方面的创新实践，是一项需要长期投入海量资源的系统工程。

身处服务经济时代的国内企业，亟须从传统的企业本位、产品本位思维转变到用户本位、服务本位的思维中来，对自身的业务流程、商业模式、组织结构进行转型升级。然而在实践过程中，很多企业因为缺乏可以借鉴的模式与经验、未经过专业指导等因素，而出现了一系列问题，部分企业甚至因此而走向死亡。笔者在搜集、整理资料的过程中，发现很多业内人士也对创业者及企业如何切入服务经济存在着诸多的困惑与不解。

有鉴于此，作为现代服务业的研究者、思考者及实践者，笔者在对多年的思考进行总结，并分析了大量实践案例的基础上，创作了《服务经济崛起》一书，希望能够给决策者、创业者及企业管理者提供一些帮助。

本书对服务经济及现代服务业的概念、内涵、增长逻辑、商业模式等进行了全面系统的阐述与分析，为我国经济向现代服务经济转型、创业者及企业探索现代服务业的巨大价值提供了行之有效的发展路径。

我们看到，亚马逊、谷歌、Facebook、百度、阿里巴巴、腾讯等海内外巨头企业都在积极布局服务领域，争取通过极致的服务体验赢得消费者的认可与信赖。服务经济浪潮已经以不可阻挡之势迅速席卷全球，创业者及企业需要顺势而为，以开放的心态拥抱变革，不断提升自身的服务水平及服务质量，积极进行服务创新，争取在即将迎来爆发式增长的服务经济中分一杯羹。

目 录

第1章 服务经济：现代服务业重塑发展格局

1.1 现代服务业的发展模式、现状及前景 / 003

◎ 现代服务业的模式创新 / 003

◎ 现代服务业的发展形势 / 006

◎ 现代服务业的发展趋势 / 008

◎ 现代服务业的发展前景 / 011

1.2 服务经济：概念内涵与发展特征 / 014

◎ 服务经济的概念内涵 / 014

◎ 服务经济的形态特征 / 016

◎ 总体特征与内部特征 / 018

◎ 服务经济的运行模式 / 021

1.3 我国服务型企业面临的主要挑战 / 023

◎ 中间服务需求深受制约 / 023

◎ 传统服务模式面临转型 / 025

◎ 外部动力作用逐渐减弱 / 027

1.4 新常态下服务型企业的发展策略 / 029

◎ 创造客户价值，提升服务质量 / 029

◎ 实现规模效应，优化企业资源 / 031

◎ 创新服务手段，做大产业格局 / 034
◎ 加快服务转型，实现“四化融合” / 036

第2章 “互联网 +”时代的现代服务业创新

2.1 “互联网 +”：服务业发展新引擎 / 041
◎“互联网 +”重塑传统服务业 / 041
◎“互联网 +服务”的顶层设计 / 046
◎“互联网 +服务”的发展对策 / 048
2.2 “互联网 +”时代的服务产业转型 / 051
◎ 推动产业结构的优化升级 / 051
◎ 引领组织变革与产业布局 / 053
◎ 实现产业资源的优化配置 / 055
2.3 大数据时代的智能化服务新模式 / 057
◎ 信息获取智能便捷 / 057
◎ 公共服务价值获取 / 058
◎ 智能决策科学精准 / 060
2.4 我国培育智能服务产业的发展策略 / 064
◎ 技术培育机制的构建策略 / 064
◎ 市场培育机制的构建策略 / 066
◎ 政策支撑体系的构建策略 / 068

第3章 服务贸易：推动我国外贸转型升级

3.1 我国服务贸易发展的机遇与挑战 / 073
◎ 服务贸易：中国经济新增长点 / 073
◎ 我国服务贸易结构的变化趋势 / 075

◎ 我国服务贸易发展面临的机遇 / 077

◎ 我国服务贸易发展面临的问题 / 080

◎ 我国服务贸易的发展现状及对策 / 082

3.2 “一带一路”下的自贸区战略布局 / 084

◎ 从上海到内陆的战略发展进程 / 084

◎ 沿海地区自贸区发展的新内涵 / 085

◎ 内陆地区全面发展战略与布局 / 086

3.3 我国中小外贸服务企业的经营策略 / 088

◎ 中小外贸服务企业的发展现状 / 088

◎ 整合项目经营模式的创新策略 / 090

◎ 整合项目经营模型的构建法则 / 091

第4章 十三五：推进服务业主导的经济转型

4.1 “十三五”战略下的中国经济转型 / 097

◎ 新形势下的中国经济转型升级 / 097

◎ 从工业驱动到服务驱动的转变 / 100

◎ 从要素驱动到创新驱动的转变 / 102

◎ 从投资驱动到消费驱动的转变 / 105

4.2 服务业主导：中国经济增长新引擎 / 107

◎ 形成服务业主导的经济格局 / 107

◎ 形成服务业主导的产业结构 / 111

◎ 服务业主导下的经济新常态 / 113

4.3 以转型创新推动服务型经济的发展 / 117

◎ 打破行政壁垒，实现转型创新 / 117

◎ 放开服务行业，释放市场红利 / 119

◎ 以创新驱动打造服务贸易强国 / 122
◎ 供给侧改革下的政府角色转变 / 124
◎ 营造良好的行业政策体制环境 / 128

第5章 从"制造业经济"到"服务型经济"

5.1 实现从制造大国向服务大国的转型 / 133
◎ 转型面临的主要制约因素 / 133
◎ 实现向服务大国的战略转型 / 135
◎ 传统制造业的两大发展趋势 / 138
◎ 传统制造业的进阶升级路径 / 140
5.2 服务型制造：提升制造业核心竞争力 / 143
◎ 生产型制造到服务型制造 / 143
◎ 服务型制造的模式与路径 / 146
◎ 制造业服务化转型的新动向 / 149
◎ 制造业与服务业深度融合 / 151
5.3 传统制造企业的服务化转型策略 / 155
◎ 协调动力因素，实现服务创新 / 155
◎ 以客户为中心，建设服务文化 / 157
◎ 推动服务外包产业的转型升级 / 158

第6章 两化融合：服务创新战略的实施路径

6.1 基于客户价值链的服务模式创新 / 165
◎ 为何要开拓服务业 / 165
◎ 售后服务≠增值服务 / 168
◎ 构建客户服务价值链 / 169

◎ 构建产品服务价值链 / 171
◎ 实现服务创新战略落地 / 173
6.2 企业实施服务创新的模式路径 / 176
◎ 模式一：信息系统集成服务 / 176
◎ 模式二：产品生命周期服务 / 179
◎ 模式三：解决方案集成服务 / 180
◎ 模式四：价值网络协作服务 / 182
◎ 模式五：价值网络运营服务 / 184
6.3 信息化建设：基于 IT 的服务创新 / 187
◎ 基于 IT 的新功能服务 / 187
◎ 基于 IT 的系统融合服务 / 188
◎ 基于 IT 的运营平台服务 / 191

第 7 章 服务增强制造：探索可持续发展之路

7.1 我国制造企业服务增强竞争战略 / 195
◎ 制造企业服务增强概念的界定 / 195
◎ 制造企业服务增强的动因与风险 / 196
◎ 制造企业服务增强的三种模式 / 200
◎ 制造企业服务增强的战略举措 / 203
7.2 基于产品的服务增强制造模式 / 207
◎ 拓展供应链增值服务 / 207
◎ 售前与售中增值服务 / 209
◎ 通过售后服务创造利润 / 211
◎ 优化客户企业整体运营 / 213

7.3　基于服务创新的服务增强制造模式 / 217
◎ 提供服务导向的解决方案 / 217
◎ 创新企业的传统业务模式 / 221
◎ 创新企业的传统运营模式 / 224

第 8 章　制造企业如何构建服务竞争力

8.1　构建企业的客户服务战略定位 / 229
◎ 构建企业客户服务体系 / 229
◎ 以精准定位实现口碑传播 / 231
◎ 服务战略定位的三种类型 / 232
◎ 服务战略定位的落地措施 / 235
8.2　产品创新与服务创新的互动策略 / 238
◎ 纯粹产品创新模式 / 238
◎ 纯粹服务创新模式 / 240
◎ 产品附加服务互动创新 / 242
◎ 服务附加产品互动创新 / 244
8.3　制造企业服务竞争力的构建策略 / 247
◎ 从具体服务到精神层面服务 / 247
◎ 从制造业务向服务业务转型 / 249
◎ 从产品向服务解决方案转型 / 252

第1章

服务经济：现代服务业重塑发展格局

1.1 现代服务业的发展模式、现状及前景

◎ 现代服务业的模式创新

近年来，科技与现代服务业逐渐融合，其在现代服务业中的地位逐渐前移，其作用也从支撑现代服务业发展转变成引领现代服务业发展。尤其是随着移动互联网、云计算、物联网等新兴技术的不断发展，新模式、新服务业态不断出现，现代服务业的发展空间进一步拓宽。

对于现代服务业来说，模式创新已成为核心要素，其中尤以技术集成创新为关键。对于服务于现代服务业的科技来说，集应用性、集成性、系统性三大特点于一身的现代服务业开始反哺技术，推动技术发展，已成为最主要的发展趋势。

◆ 现代服务业的三种模式

现阶段，现代服务业的竞争焦点集中在服务模式创新方面，在众多服务模式中，在网络基础上形成的第三方服务模式独挑大梁，信息资源、信息网络运行平台、信息技术等因素对现代服务业发展所产生的影响越发重要。

实际上，现代服务业的三种模式早已被各大互联网企业熟知、运用，在提升企业竞争力、助力企业发展方面发挥了重要作用。

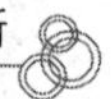

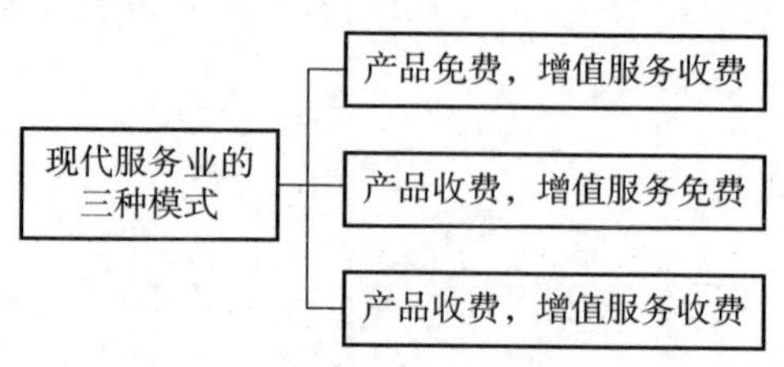

图1－1 现代服务业的三种模式

（1）产品免费，增值服务收费

这种模式指的是企业通过免费的产品来获取用户，通过为少数用户提供增值服务来获取收益，代表企业有腾讯、奇虎360、Facebook等。

（2）产品收费，增值服务免费

在这种模式下，企业通过销售产品盈利，但同时会为用户提供一些免费的增值服务。如联想、惠普等PC厂商通过销售硬件盈利，同时会为用户提供一些免费的软件。

（3）产品收费，增值服务收费

以苹果公司为例，该公司不仅通过销售硬件产品获利，还通过APP Store销售各种软件获利，实现了双渠道盈利。

上述三种模式基本上涵盖了现代服务业的各种服务形式。现代服务企业所采取的服务模式是其经过长时间探索得出来的结果，自然，对各种服务模式进行分析的过程也是其进行市场探索的过程。由此可见，对于企业发展来说，服务模式的创新至为关键。尤其是在现代服务业与传统产业深度融合，推动传统产业改造提升，以电子商务、内容服务为代表的新兴服务产业对全球经济的拉动作用越发明显的形势下，现代服务业的模式创新至为重要。

◆ 现代服务业的模式创新

目前，很多现代服务企业都在探索模式创新。在我国社会保障制度日益完善、社保覆盖范围逐渐扩增的形势下，由于经办资源有限，社会保险经办机构主导的社保集中办理方式在应用方面面临着诸多问题。

在现代服务业中，教育服务业是主导产业，远程教育、网络教育及相关公共服务体系的建设与完善是其实践创新的重要成果。在网络教育、远程教育方面，奥鹏中心做出了有益探索，构建了以政府为主导的第三方服务与运营模式，相关的一站式服务与运营平台得以完善，集全过程、产品式、可量化三大特点于一身的远程教育服务模式也已成型，相关的管理体制与运营机制也实现了有效创新。

传神公司则从科技与文化融合的角度切入对语音信息服务模式进行了创新，提出了“语联网”这一概念，使语音服务行业的产业结构得以彻底改变，并推动整个语音服务行业实现了转型发展，成为现代服务业模式创新的典范。

随着商业模式的创新，电子商务等新兴服务业应运而生，产业又反作用于商业模式，推动商业模式实现了持续创新。例如，随着商业模式的创新，电子商务得以发展壮大。对于电子商务来说，支付问题、诚信问题是制约其发展的两大难题，为了解决这两大难题，阿里巴巴打造了支付宝服务技术平台。

在支付宝服务体系中，支付宝承担了信用中介的功能，在买家确认收货之前，暂时帮买卖双方保存货款。从这个层面来说，支付宝服务体系就是一种支付担保服务模式。该模式不仅为电子商务的支付问题提供了解决方案，还为买卖双方的信任问题提供了有效的解决途径。为了让买卖双方更安心，阿里巴巴还制定了支付宝全额赔付机制。

以此为基础，淘宝、天猫两大线上购物平台耗用极少的成本为企业与个体商户提供了一个与消费者进行直接交易的平台，使物美价廉、按需定制的商品在线上实现了大范围流通。另外，淘宝、天猫两个网购平台借助降低交易成本、促进社会分工等带动更多线下消费者加入了网购行列，改变了人们的购物习惯，拉动了居民消费，推动电商实现了迅猛发展，并使零售业、制造业、物流业等行业的发展模式深受影响，使我

国在生产销售与流通领域实现了有效变革。

◎ 现代服务业的发展形势

◆ 经济增长新"引擎"

现如今，我国经济发展处于新常态阶段，在新常态下，未来我国经济必将朝产业升级与经济结构调整两个方向发展。习近平主席特别强调"要大力发展服务业，尤其是现代服务业"，并将发展现代服务业纳入产业结构优化调整范畴。鉴于此，发展现代服务业已成为中国经济未来一段时间的发展目标，服务业本身也已成为国民经济发展的支柱产业。

2013 年，服务业 GDP 在总 GDP 中的占比首次高于工业。2015 年第三季度，服务业 GDP 在总 GDP 中的占比已超出 50%。另外，值得注意的是，自我国经济进入新常态以来，服务业已成为拉动国民经济增长的重要力量。

服务业涵盖的行业非常多，如金融行业、物流行业、餐饮行业、家政行业等。其中，在推动实体经济发展方面，有些行业发挥了非常重要的作用，如物流、金融等行业，对于这些行业，现代服务业要给予高度重视。同时，现代服务业的发展成果也要对农业、工业的发展产生推动作用，以金融业为例，在其发展的过程中，要引导资本逐渐流向实体行业，使其发挥出应有的作用。

◆ 新境遇带来新考验

2013 年，"一带一路"战略拉开了序幕。"一带一路"分别指"丝绸之路经济带"与"21 世纪海上丝绸之路"，"一带一路"意在积极与沿线国家合作，构建经济合作伙伴关系，共建利益、命运、责任共同体。随着"一带一路"的展开，建设、装修等传统服务业迎来了新的发展机遇，国内相关企业要紧抓机遇，积极加入"一带一路"，进军海外市场，构建新的市场格局。

在这方面，金螳螂（苏州金螳螂建筑装饰股份有限公司）抢占先机，承接、完成了老挝亚欧峰会主会场、巴哈马度假村等项目，积累了许多在海外承办工程项目的经验。除此之外，金螳螂为紧抓“一带一路”机遇实现更好的发展，不仅在国内香港、澳门两地区设立了分公司，还在国外的中东、俄罗斯等地设立了分公司。新经济形势对装修业提出了更高的要求，现代服务业也是如此。在下一个五年中，在新经济形势下，现代服务业要想发展就必须挑战更高的要求。

例如，现代服务业中的物流行业。物流行业虽然属于服务业，但与工业有着密切联系，随着工业增长速度趋缓，物流行业也受到了一定的影响。所以，在新的经济态势下，物流行业必须对未来的发展模式、发展前景进行周密思考。在现代服务业中，物流行业当属代表性行业。现阶段，虽然国内的物流体系已有了一定的规模，但尚未完全实现现代化、标准化。再加上经济形势的改变，物流行业也要面临全新的考验。

在零担物流行业，德邦物流当属代表企业。2015 年 7 月，德邦物流提交 IPO 申请书；9 月，推出“合伙人制度”，并增加了在信息化建设方面的投入力度，尝试以更开放的心态开展业务等。总之，在新常态下，德邦物流做出了许多有益的探索与实践，对新经济形势做出了积极响应。

现如今，在日常生活中，互联网发挥的作用日益重要，现代服务业与互联网的融合已成大势所趋。

◆ 监管要出新“思路”

近年来，随着现代服务业与互联网的融合，以互联网技术为基础，服务业领域出现了一大批新兴企业，如互联网金融企业、O2O 物流企业等。对于现代服务业来说，这些企业形态是未来一大发展趋势。当然，对于政府监督来说，这些新兴的企业形态也为其带来了新挑战。

例如，与信息技术有着密切联系的物流行业，新技术能有效提升物流行业的运营效率，推动其实现标准化运营。对此，政府必须创建新方

法、新策略对其进行监管。再如，未来必将推行的金融改革，对于金融改革来说，"利率汇率改革"等话题属于老生常谈，金融改革要想取得新进展，首先要调整政府监管方式。

以中共十八届三中全会为界，在其之前，以审批为主导的事前监管是最主要的监管方式，在其之后，事中、事后合规性监管成为最主要的监管手段。鉴于此，金融领域的改革要想取得有益成果，就必须对相关的法律体制进行完善，同时，还要进一步激活市场。

现代服务业发展不只涉及经济问题，也不只牵涉某一家企业。以养老服务业为例，这是下一阶段现代服务业的重点发展领域，该领域要想取得发展成果，需要上至国家政策、地方政府，下至社区、机构的共同努力。

◎ 现代服务业的发展趋势

人类在经历了农业时代和工业时代之后，当前正全面转向服务经济时代——社会财富的主要创造力量从第一、第二产业向服务业转移。服务业也由此成为评判一个国家或地区经济发展和现代化水平高低的重要依据。

从我国来看，服务业发展相对滞后，市场化、产业化、社会化水平不仅与发达国家有着很大差距，而且即便与一些中低收入水平的国家相比也略有不足。同时，以商品流通、餐饮、修理、零售、交通运输等为代表的传统服务业在总体服务业中的占比高达40%左右。

传统服务业主要是直接针对人的生活性消费服务，具有需求弹性大、自然资源依赖性低、服务生产与服务消费同时进行、难以物化储存而由服务人员面对面直接提供、就业容量大等特点。从这一角度来看，我国作为一个拥有14亿人口的大国，随着社会收入水平的不断提高，传统生活性服务业也必然会获得更为巨大的市场发展空间。

传统服务业更多的是人力密集型，核心竞争力不足。与之相比，具有高技术含量、高附加值、高增长、高盈利、广覆盖等特质的现代服务业，才是“互联网+”经济新常态下我国服务业发展的主要趋势和方向，对优化经济结构、提高产业竞争力具有重要价值。因此，我国必须高度重视并精准把握现代服务业的发展大势，借助互联网、移动互联网、云计算、大数据等推动传统服务业向现代服务业的转型升级。

总体来看，新常态下，现代服务业的转型趋势包括：

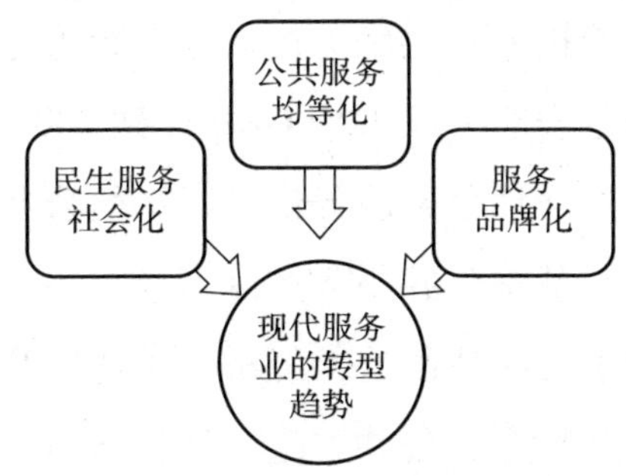

图1-2 现代服务业的转型趋势

◆ 民生服务社会化

社会生活水平的不断提高推动了人们的消费升级：从物质性、生存性消费向发展性、享受性服务消费转变。基于此，以往由人们自我满足的社区服务、家政服务、健康服务等民生服务领域，逐渐朝着专业化、产业化、社会化的方向转型，并推动了相关社会组织和服务企业的不断涌现。

民生服务的社会化转型，不仅通过专业化的服务为人们营造出更舒适的社区和家庭生活环境，也使人们从烦琐的家务劳动中解放出来，拥有更多的时间精力从事社会生产和喜欢的事情，不断完善自身。

同时，民生服务的专业化和产业化发展，既能够通过特色服务更好地满足人们的多元化、个性化诉求，也有利于开拓、培育新的服务领域，推动家庭服务、托幼养老服务、便民早餐服务、物业服务等新服务业态的快速发展，形成服务产业的新增长点。

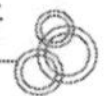

◆ 公共服务均等化

随着公共服务需求的不断增多，如何增加服务供给、实现公共服务的均等化分配，让每一位民众都能享受到基本的公共服务，已成为全面建设小康社会、促进社会公平与和谐的必然要求。

公共服务的均等化也是现代服务业的转型趋势。而且，基于经济学中的边际效用递减原理，将同等规模的资金投入到公共服务匮乏的地区，获得的效益远高于投入公共服务产品已经较为充裕的地区。

发达国家的经验也表明，在人均 GDP 达到 1000 ~ 3000 美元时，政府的核心职能应转移到增加公共服务供给、平衡公共服务分配上，以充分满足人们日益增长的基本公共服务产品需求。

从我国来看，由于长期片面追求经济发展速度和效率，导致社会公共服务明显滞后，义务教育、公共卫生、社会保障、公共安全等公共服务产品不仅较为匮乏，而且分配严重不均，农村和偏远落后地区的基本公共服务长期处于短缺状态。这显然制约了全面小康社会的实现，也不利于社会的公平与和谐。

因此，近些年我国政府逐渐将公共服务均等化作为财政制度改革的基本目标，通过多种举措健全公共服务体系、提高公共服务资源利用效率，并更加注重基本公共服务在不同地区、不同群体间的公平分配，让全体国民共享改革开放的巨大成果。

未来，教育、医疗、卫生、社会保障等与人们生活密切相关的公共服务领域，必然会朝着城乡和区域统筹发展、服务设施一体化、服务投入均衡化、服务标准趋同化、服务政策均等化的方向转变，并最终构建出充分满足人们公共服务需求、体现社会公平正义的现代公共服务体系。

◆ 服务品牌化

商品不仅包括物质性产品，同样也可以服务的形态呈现。特别是在以用户为中心的体验经济时代，各种服务品牌更是不断涌现，受到越来越多的关注。

总体来看，服务品牌化主要体现在 6 个方面：劳模品牌与明星品牌的口碑效应更加凸显，“名利双收”；情感心理服务受到越来越多用户的关注和青睐；规范化服务的冲击力愈加强大；各类知识性、智能性、技术性服务品牌逐渐展现出巨大的发展潜力；文化类服务渐受追捧；金融服务品牌迅猛成长，前景广阔。

服务也是一种商品和品牌，同样可以进行规模化复制。麦当劳的餐饮服务、沃尔玛的商贸服务、迪斯尼的娱乐服务等在全球范围的广泛输出布局充分体现了这一点。因此，服务品牌化也是构建现代服务体现的重要内容。

◎ 现代服务业的发展前景

从经济发展形势来看，相较于“十二五”时期，现阶段的经济转型压力丝毫没有减轻。“十三五”期间，推动现代服务业发展已成为经济转型的主方向。

随着中产阶层的崛起，再加之人口周期的到来，我国消费服务业发展进入了黄金阶段。改革开放以来，我国经济一直维持高速增长，居民收入水平不断提升。2016 年我国人均 GDP 达 53817 元，逐渐接近中等发达国家水平。

随着居民收入水平逐渐提升，贫困人口的数量逐渐减少，中产阶级的规模不断壮大。据投行瑞信发布的《新全球财富报告》显示，我国中产阶层在成年人口中所占比例为 11%，绝对量居全球第一，所持财富为 7.3 万亿美元，在全国总财富中占 32%。

同时，我国人口老龄化趋势加速。1949—1959 年（第一次婴儿潮）出生之人已进入老年阶段；1962—1973 年（第二次婴儿潮）出生之人即将步入老年阶段。据统计，在第二次婴儿潮期间，新生儿数量达 2.6 亿，我国人口老龄化问题越发严重。随着人口老龄化的演进，受代际替换的影响，人的后市场需求将逐渐增多。

首先，现代人的生活观念不断转变，对健康的需求越来越多，带动体育、美容、健康、医疗等产业实现了快速发展；其次，"90 后"消费群体崛起，将带动娱乐、体育等新兴消费产业实现进一步发展。

随着产业结构不断调整、升级，生产性服务业快速崛起。现阶段，我国的制造业已脱离粗放增长阶段，迈进成熟期，产能过剩问题普遍存在。生产性服务业的发展将推动我国制造业从"微笑曲线"的底部向两端发展，从产品制造转向产品研发、产品销售流通等环节。

为了更好地推动生产性服务业发展，国务院于 2014 年 8 月颁发了相关文件，明确了当前我国生产性服务业的重点发展方向，为生产性服务业的发展提供了有益的政策指导。

在消费性服务业中，医疗、体育、养老等拥有较大的市场需求空间，成长性较好的领域应受到广泛关注；在生产性服务业中，智能物流、检验检测、节能环保等与制造升级、信息消费相关的领域将受益，实现更好的发展。

"十三五"发展规划的大方向是构建以服务业为主导的经济结构，实现从工业大国向服务业大国的转型升级。从当前服务业发展态势来看，这一战略目标的实现也是很有希望的。

◆ 服务业发展的速度明显加快

近些年，随着我国产业结构的不断调整优化以及互联网的快速发展普及，服务业增加值以年均两位数增长。例如，2001—2013 年，即便去掉通胀因素的影响，我国服务业增加值年均增速也达到了 10.6%。而随着经济增长驱动力量的转变，服务业必然会获得更广阔的发展空间。

◆ 服务业主导的趋势开始显现

当前我国经济发展呈现出“新低”与“新高”两大特点：一方面经济下行压力不断增大，另一方面则是经济结构转型升级的态势已经形成，服务业发展迅猛，在国内生产总值中的比重不断提高。根据官方数据，2015 年我国服务业增加值占 GDP 的比重达 50.5%，经济结构由工业主导向服务业主导转型的趋势更加明显。

◆ 消费结构升级蕴藏着巨大的消费大市场

有研究指出，城镇居民在医疗保健、交通通信、文教娱乐三大方面的人均消费支出在总消费中的占比从 1985 年的 12.8% 提高到 2013 年的 34.1%，到 2020 年这一数据估计可能达到 40% ~45%，成为城镇居民消费支出的主要内容。显然，消费结构升级蕴藏着巨大的消费市场，能够为服务业提供广阔的发展空间。

◆ 2020 年服务业规模有望实现倍增

2008—2013 年，在全球经济整体疲软的大环境下，我国服务业增加值却实现了从 13.1 万亿元到 26.2 万亿元的规模倍增。如果服务业增加值保持 10% 的年均增速，则到 2020 年服务业总规模有望再次倍增，达到 48 万亿 ~53 万亿元，在总体经济结构中的占比也将超过 55%，从而实现从工业大国向服务业大国的转变。

1.2 服务经济：概念内涵与发展特征

◎ 服务经济的概念内涵

美国经济学家维克托·福克斯（Victor R. Fuchs）于1968年提出了服务经济的概念，并在其同年出版的《服务经济学》一书中指出，在已经出现服务经济的发达国家中，美国目前已经率先进入了"服务经济社会"。此后，在一批批研究者的探索下，服务经济理论日渐完善，为创业者及企业发掘服务经济的巨大潜在价值奠定了坚实基础。

丹尼尔·贝尔（Daniel Bell）的"后工业社会"，以及西蒙·史密斯·库兹涅茨（Simon Smith Kuznets）的"工业服务化"等理论也对现代社会经济开始朝着服务经济转型这一主流趋势进行了详细说明。瑞典学者詹森在其出版的西方服务经济领域著作《服务经济学：发展与政策》一书中，对关于服务经济学的微观基础以及服务经济的公共政策等内容进行了具体分析。

20世纪90年代，服务经济的概念开始进入我国，在《国务院关于加快发展服务业的若干意见》文件中，强调要对大城市的产业结构进行改造升级，由服务业主导取代工业主导。此后，与服务经济相关的研究开始大量涌现。

在国内服务经济理论发展初期，专家学者研究的主要方向是对国际上的主流服务经济理论进行分析，尝试打造符合中国特色的服务经济学理论体系框架，《西方服务经济理论回溯》是这类研究的典型代表。在此之后，研究的重点开始转向根据我国的实际情况，借鉴发达国家发展服务经济的成功经验，探索中国服务经济的落地之道，典型的研究作品是《中国服务经济报告》系列。

现阶段国内专业学者的研究开始逐渐深化，从产业融合及城市功能等诸多维度对服务经济的概念、内涵及落地途径等进行具体分析，典型的代表作品有《城市转型与服务经济》《信息化和产业融合》等。

虽然关于服务经济的研究已经进行了近半个世纪，但学术界目前尚未给出服务经济的明确定义，目前，国际上较为主流的服务经济定义方式主要有三种：一是从服务业市场规模的角度上定义，当服务业对 GDP 与就业的贡献率达到五成时，就可以称为服务经济；二是从属性、性质的角度上定义，和农业经济、工业经济相比，存在特殊属性与性质的经济形态被称为服务经济；三是从发展阶段的角度上定义，在农业经济、工业经济发展顺序后的经济发展阶段被称为服务经济阶段。

在对上述三种定义模式进行总结的基础上，我们可以得到服务经济的概念——以知识、信息、智力等要素的生产及应用作为核心驱动力，通过法律法规及市场经济提供制度保障，采用人力资本及科学技术投入为主的生产方式，将服务产品生产及资源配置作为经济社会发展重要基础的经济形态。

经过近半个世纪的发展，服务经济在全球范围内得到了推广普及，并演变成为未来世界经济的主流形态。和欧美发达国家相比，虽然服务经济概念进入我国的时间相对较短，但在我国经济结构转型进程日渐加快的背景下，服务业在我国保持着迅猛增长之势。2016 年，服务业占 GDP 比重已上升为 51.6%，同比增长 1.4%；服务业对国民经济增长的贡献率为 58.2%，同比增长 5.3%，服务经济活动俨然已经成为推动我国经济发展的主要动力。

◎ 服务经济的形态特征

服务经济具有服务化、融合化、网络化、高端化及两极化的形态特征。

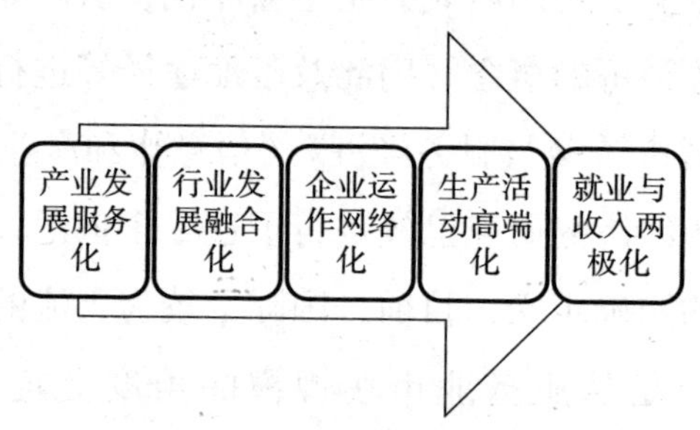

图 1－3　服务经济的形态特征

◆ 产业发展服务化

在服务经济时代，服务业成为经济发展的核心驱动力，各种全新的服务大量涌现并极大地提高了人们的生活质量。产业链的核心价值创造环节向服务环节转移，处于上游的供应商也开始向服务化转型，从最初的专注车间内的产品生产到根据用户的个性化需求提供定制产品的生产服务。

很多制造企业不仅将服务作为提升用户体验的有效手段，更将其作为一大核心利润来源。与单纯的销售产品相比，增值服务的溢价能力明显更高。就像乐视推出的"购买会员硬件免费"策略一样，在家电行业竞争如此激烈的背景下，单纯地销售硬件的利润相当有限，而出售会员服务则可以持续获取利润。

◆ 行业发展融合化

随着科学技术的不断发展，不同产业之间的界限越发模糊，跨界融合成为一种常态，农业、制造业及服务业不断融合的趋势十分明显。

（1）消费方式转变所造成的产品与服务的融合。与产品本身相比，产品解决实际问题的功能对消费决策的影响更大，这就使得产品与服务之间的边界被逐渐打破。

（2）生产方式的变革，使服务业与制造业的组织结构、管理方式、业务流程等日渐融合。服务被制造企业作为一大重要利润来源，从而使企业的业务结构发生重大变革，进而使制造企业的组织结构、管理方式及业务流程和服务企业的差异越来越小。

（3）交易方式的变革，使个体同时扮演着生产者与消费者的双重角色。如今，越来越多的消费者参与到企业产品的生产中来，从而使生产者与消费者走向融合。

◆ 企业运作网络化

现代信息技术的普及推广，使生产价值链演变为服务经济时代的核心生产组织方式，而且企业的组织结构及运作方式日渐网络化和扁平化。为了整合优质资源，连锁制、联盟化及平台化成为主流，能够有效应对外界动态变化的网络型组织结构受到了企业界的一致青睐。

一些大型的跨国服务企业普遍使用合伙制，母公司与子公司之间的关系较为松散，各个子公司拥有一定的自主决策权，而且企业也十分倾向于将非核心业务外包给第三方公司，从而使企业的运作网络化特征更为突出。

◆ 生产活动高端化

在服务经济时代，生产活动的知识及技术含量更高，生产活动高端化特征凸显。由于生产力的大幅度提升，整个人类社会开始步入产能过剩时代，对接用户个性化需求的定制化服务受到企业界的广泛关注，在深度挖掘消费需求的同时，为用户提供定制产品及服务成为企业有效应对市场竞争的重要手段。这也对生产活动提出了更高的技术要求，无形服务成为影响产品销量的一大重要因素。

◆ 就业与收入两极化

就业结构呈现两极化：以金融、计算机为代表的高端优秀人才能够获取极高的收入，当然这些工作岗位本身所要求的知识水平、技能熟练度等也处于较高的水平；而类似家政、道路维护、社区服务等行业由于对工人的知识与技能要求相对较低，即便没有经过专业的训练也能做好这些方面的工作，其薪酬待遇也相对较低。与传统工业时代相比，服务经济时代的就业结构两极化特征更为突出。

◎ 总体特征与内部特征

◆ 总体特征

服务业居于主导地位，农业与制造业的服务化与高端化趋势越发显现。在服务经济时代，服务业的快速发展带来了大量的就业岗位，并驱动其他产业的科技含量与服务价值进一步增长。服务业的总体特征，主要表现在以下几个方面：

(1) 服务业产值比重较大

成熟的服务经济社会，其服务业的产业规模占 GDP 的比重高达 60%。而且服务业所提供的就业岗位所占比重明显更高。据公布的数据显示，21 世纪初，大部分发达国家的服务业提供的岗位占总工作岗位的 70% 左右。

农业与制造业的服务化特征越发明显，产业链中的服务环节所创造的价值大幅度提升。例如，制造企业的设计、生产、营销、配送、售后等诸多环节对服务的依赖性越来越大，而且由于增值服务所创造的利润明显更高，企业在资源配置方面开始向增值服务倾斜。现代农业体系的服务环节所占比重同样越来越高，作为新兴业态的旅游农业与都市农业迅速发展壮大。

（2）智力和知识密集型产业占主导

知识、科技与创新等高级生产要素成为推动经济进一步发展的重要驱动力量。在产业性质方面，智力要素与技术要素的地位不断提升，促使越来越多的产业从劳动密集型向智力密集型企业转变。

研发设计、金融、高端制造等智力密集型产业的相关从业者获得了大量财富。以美国纽约为例，包括咨询、健康、教育、法律在内的智力密集型服务业贡献的产值达到了总 GDP 的 22%，而劳动密集型及资本密集型产业所占 GDP 的比重则呈现下滑趋势。

（3）高附加值产业为主导

在服务经济中，产业价值链的核心环节主要是新产品、工艺的设计研发，以及和产品核心技术相关的制造环节，而零部件生产以及对劳动力依赖性较强的生产制造环节则是扮演着配套的角色。以服务经济高度发达的欧美市场为例，品牌运营、产品研发、系统集成及标准制定等高附加值产业在市场中居于主导地位。

（4）高度人力资本投入结构轻型化

在生产要素构成方面，工业经济的增长主要借助于物质资本的不断积累，也就是通过投入更多的能源、厂房等资源，同时使用效率更高的设备来取代人工，从而推动经济快速增长。而在服务经济中，经济的核心驱动力是来源于人力资本，尤其是那些综合素质及知识水平较高的高端人才，物质要素所占的比重明显降低，从而使投入结构越发轻型化，高能耗与高污染问题得到了有效控制。

（5）产业高度融合

由于互联网、物联网等高科技技术在产业内部的不断推广普及，不同产业之间的跨界融合成为常态。以文化创意产业为例，不仅产业本身各个行业内的边界日渐模糊，文化创意与教育、传媒、娱乐等产业之间的界限更是被深度淡化。

(6) 服务贸易成为国际贸易的重要内容

随着服务经济市场规模的持续增长，围绕跨国公司构成的全球服务产业链日渐清晰，服务贸易在国际贸易中所占的比重明显增加。据WTO公布的数据显示，2015年全球服务贸易进出口总额为9.25万亿美元，而中国服务贸易进口额达7130亿美元，占世界服务进出口额的比重为7.7%，同比提高1.4个百分点。

◆ 行业内部特征

(1) 服务业内部

现代服务业居于核心地位，传统服务业作为配套。服务经济发展的核心驱动力来源于服务业的结构升级，知识型社会服务业与生产性服务业在服务经济中占较高的比重。

现代服务业具有技术含量高、人力资本含量高及附加值高的特征，在服务经济中扮演着关键角色。而传统服务业则是劳动力素质较低、附加值低、投资回报率较低，在服务经济中相对边缘化。据统计数据显示，1996—2000年，欧盟的现代服务业就业人数增长率比传统服务业高出61%。

(2) 制造业内部

高端制造业居于核心地位，传统制造业作为配套。在制造业内部，应用先进设备、生产流程及管理手段的制造企业的价值创造能力明显高于传统制造企业。由于科学技术水平的不断提升，以及制造业服务化特征的进一步凸显，越来越多的传统制造企业走向了智能化和自动化的现代制造企业转型之路。

自20世纪80年代至今，美国、日本、德国等发达国家以及新兴工业化国家的高新技术产业增长势头十分迅猛，而1995年以来，高新技术产业的年均增长率更是超过了10%。

(3) 农业内部

订单农业、都市农业、旅游农业等现代农业居于核心地位，传统农业作为配套。随着城市化进程的不断推进以及服务业对农业的改造，使农业的技术水平及价值创造力获得了大幅度增长。将生活、生产及生态融为一体的现代化旅游农业、都市农业发展势头尤为迅猛，同时也吸引了一大批优秀人才投身农业。

◎ 服务经济的运行模式

◆ 适度增长

与工业经济借助大规模投资来快速提高生产率相比，服务经济的劳动生产率则明显较为缓慢。而且由于其创造了大量的就业岗位，也导致生产率被拉低。

我们不妨对三类国家的服务业进行对比：第一类是服务业高度发达的美国与英国等国家，其服务业产业规模占 GDP 总量的比重已经达到了 70% 以上，但其 GDP 增速相对缓慢，长期保持在 4% 以下；第二类则是服务业相对发达的韩国等国家，其服务业产业规模占 GDP 的比重约为 55%，而 GDP 的年均增长率则保持在 5% 左右。

第三类则是在服务业相对落后的中国等国家，服务业在国民经济中所占比重相对较低，但 GDP 年均增长率却可以保持在 10% 左右。即便是近年来我国经济长期面临着较大的下行压力，GDP 的年均增长率也在 7% 左右。

◆ 稳定增长

工业经济中居于主导地位的是那些高投入的周期性产业，这类产业在出现经济危机时，会遭受重创，导致整个国家发展严重受阻。而服务经济中居于主导地位的既有周期性行业，也有非周期性行业，即便出现经济危机，凭借着一些非周期行业的稳定增长（如目前在世界经济长

期处于低迷状态的背景下，文娱产业逆势增长），很多国家也能有效避免像以前的经济危机一样损失惨重。

◆ 财富（价格）推动

由于与工业性部门相比，服务性部门的劳动生产率增长相对较慢，而在货币工资增长率中影响较大的主要就是劳动生产率增长较快的部门，也就是由工业部门所决定。

由于在现代资本主义经济制度下，产品价格是由成本加定价的方式确定，所以服务性部门与工业性部门的工资增长处于同一水平时，物价会成比例地稳步增长，对于服务性部门的产品及服务而言，需求价格变动空间相对较小，而收入水平的变动空间相对较大，在工资成本不断增长时，也会导致物价不断提升。

因此，服务经济中服务业所占比重的变化主要取决于价格因素。以日本为例，1955—1975 年，如果按照现行价格计算，则其服务业在服务经济中所占比重提升了将近 20 个百分点，如果按照不变价格（可比价格）计算，则服务业在服务经济中所占的比重基本没有发生变化。

◆ 创新引领

服务经济的出现及崛起，可以视作企业经营水平提升以及市场经济的商业模式创新带来的产物。由于科学技术的不断发展，尤其是信息技术的快速突破，使得服务业内不断涌现出各种全新的产品、经营模式及新兴业态，进而使服务业得以不断发展壮大并革新。

连锁店、直营店、网店等不断发展壮大，C2B、O2O、B2C 等各种新玩法不断涌现，以教育培训、设计研发、管理咨询、供应链管理为代表的诸多领域也出现了多种全新的服务业态与经营模式，智能机器人、自助服务设备等推动着企业服务迈向更高的水平，这无疑为我国服务经济时代的全面到来打下了坚实的基础。

1.3 我国服务型企业面临的主要挑战

◎ 中间服务需求深受制约

现如今，服务经济时代即将到来，服务业企业迎来了新的发展机遇，也迎来了诸多挑战。现阶段，很多生产性服务环节仍位于工农企业内部，生产性服务需求深受资源依赖型发展模式的制约，服务业企业发展深受影响。

随着互联网经济的发展，传统的商业模式不再适用，制造业亟须朝高端化、服务化、智能化的方向转型发展。在需求拉动、技术推动的双重作用下，因政策推动发展起来的大型服务企业要尽快采取适当措施予以应对，促使大型服务企业实现持续发展。

2012 年，我国服务业在 GDP 中的占比首次超过第二产业，之后连续 4 年名列 GDP 贡献首位。2015 年，我国服务业较上一个周期增长 341567 亿元，在 GDP 中的占比首次突破 50%。服务业在 GDP 中所占比重的不断提升说明我国经济开始从工业时代迈进服务业时代。

在 2015 年的固定资产投资中，第二产业投资 224090 亿元，增长了 8.0%；而服务业投资增长了 10.6%，其数额达 311939 亿元。两相对比可以发现，无论是在投资的绝对量上，还是在投资增速上，服务业都居于第二产业之上。

另外，2015 年，我国新增外商直接投资企业 26575 家，其中服务

类企业21459家，服务业在外资使用方面连续6年超过了第二产业。由此可见，相较于第二产业来说，服务业更受资本青睐，服务业发展的基础条件也变得越来越好。

在产业发展方面，大企业是中坚力量。中国企业联合会发布的数据显示：2016年，服务企业500强总收入达271040亿元，首超制造企业500强。2011—2016年，服务企业500强平均增速为12.97%，相较于同期制造企业500强来说，高出了8.28%。种种迹象均表明，服务企业正在崛起，正在逐步超越制造企业成为新的经济增长点，服务经济时代即将到来，服务企业发展迎来了最佳时机，也亟须面对更加复杂多变的外部环境的挑战。

服务业属于一种衍生性产业，其发展速度与发展质量深受发展过程中中间需求的影响，中间需求增长快、释放好，其发展速度就快，发展质量就好。但长期以来，我国服务业发展的中间需求深受工业企业服务内置化与资源依赖型发展模式的制约，使生产性服务企业的发展从需求与市场源头上深受制约，导致服务企业的发展深受影响。

目前，很多企业依旧秉持“大而全”“小而全”的原则建设产业链与价值链，企业将生产、销售、供应等工作集于一身，外包比重小、种类少，且主要集中在低端生产性服务领域，很多工业企业运行仍处在自我封闭、自我循环、自我服务阶段，使我国制造企业与生产性服务企业的合作程度较低，两者之间以一种低级、低效的共生关系相维系。按照预设的发展轨迹，生产性服务应实现社会化、市场化、产业化，而今却转变成了工业企业自我提供的服务，不仅使工业企业的发展运行深受影响，还使服务企业的成长发展深受制约。

长期以来，在资源依赖型发展模式的影响下，我国很多企业的发展都对资源有着深深的依赖，粗放使用、暴利化使用，使中间性服务需求毫无立足之地。从理论上来讲，工业的繁荣发展能催生服务的中间需求，进而拉动生产性服务企业的发展。但从现实情况来看，在我国很多省份，优秀的服务企业只能用“凤毛麟角”来形容，如工业大省河北、山西等。

在这些省份，即便服务业发展情况不好，仅依靠工业，其经济总量也不会太差。但是，近年来，这些省份工业产能过剩问题频发，经济结构亟须转变，企业亟须转型升级。在这样的形势下，人们将目光投向了服务企业。未来，在这些省份，服务企业将增添诸多活力，实现快速发展。但受人力资源不足的影响，服务企业的发展一定会遇到诸多困难。

◎ 传统服务模式面临转型

随着信息技术的运用，互联网的发展，服务活动的部分属性被改变，使服务活动逐渐实现了独立化，使服务业的产业布局、产业结构、资源配置、组织方式等深受影响，给服务业发展增添了新的活力。总之，信息技术的应用及互联网的发展从各个方面给服务业发展带来了影响。在互联网的影响下，服务业发展有了新基因，服务变得触手可及、随处可见，低成本、高效率、全流程、全方位的服务有了实现的可能性，传统的商业模式被颠覆，受到的挑战也日益增多。

借助互联网，服务可跨时空实现，连接生产与消费的传统渠道会逐渐被互联网渠道取代。随着网上购物、网上租车、远程教育等网络消费形式的落地与发展，线上汇聚的客户资源越来越多，实体店模式面临的挑战也越来越多。例如，随着淘宝网、京东商城等电商平台的规范化，其影响力逐渐提升，消费者的消费活动开始由线下实体店向这些网上商城转移，实体商店逐渐沦为网上商店的体验中心或者仓储中心，传统购物模式亟须转变。

近 10 年来，中商超百货企业在中国服务业 500 强企业中的占比逐渐下降。据统计，2005 年，跻身中国服务业 500 强的中商超百货企业有 91 家，之后逐年下滑。2015 年，入围中国服务业 500 强的中商超企业仅有 42 家，将近一半的企业被淘汰。

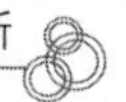

借助互联网，企业能以更经济便利的方式获取外部资源，使原有的分工协作体系发生改变，使传统的产业边界变得模糊不清，使企业朝着平台化、跨界化的方向迈步发展，给传统服务业带来业内及跨界的双重挑战。

例如，滴滴打车等服务平台的出现给消费者带来了更加经济便利的出租车服务，使传统的出租车服务模式深受影响；微信、微博等新媒体的出现给纸媒的广告盈利模式带来了极大的挑战，促使其朝着内容和付费阅读的方向转型发展。

虽然这些新兴业态颠覆了传统企业，在资本的支持下实现了野蛮生长，但受激烈的市场竞争、不规范的企业运营、难以持续的商业模式的影响，这些新兴企业在度过了野蛮生长期后被洗牌，很多新兴企业被淘汰，走向了破产、消亡的结局。例如，在电子商业专业网络平台与风投注资的作用下疯狂发展的小额信贷企业。2015 年，我国 P2P 网贷交易额达 11805. 65 亿元，同比增长 258. 62%。但其中很多小额信贷企业的风险控制系统不完善，其经营模式是否合法、是否正规深受质疑，使 P2P 行业自 2014 年下半年始就进入了洗牌期，很多企业因此倒闭、破产。

从世界经济发展趋势的角度切入，提供产品—提供产品与服务—提供服务解决方案描绘了生产企业的发展趋势，制造业服务化已成为重要的发展方向，制造企业开始朝着以服务为主导的方向发展。从 20 世纪后期开始，越来越多的传统制造企业从销售产品转向了销售服务，开始借助服务打造差异化竞争优势，服务销售所产生的销售额与利润在总销售额与总利润中的占比越来越高。另外，Nike 等制造企业开始采用外包模式或者将服务从产品中剥离出来的方式，集中精力研发新产品，生产气垫系统，搞好市场营销，对其他服务环节的专业性要求越来越高。

随着信息通信技术与人工智能的发展，制造业将实现智能化与服务化"两条腿走路"，致使服务企业的服务方式与内容深受影响。生产企业将从“以生产为中心”朝着“以服务为中心”的方向发展，将从重视产品朝着重视整个产品生命周期发展。特别是在进入工业 4.0 时代之后，制造业不仅能实现全工厂互联互通、相互协作、全流程、高效率的智能制造，还能借助互联网将供应商、客户等外部资源联系在一起将云制造落地，颠覆制造企业的传统模式，使其从提供产品转向提供产品与服务，届时，产品生产、研发、制造、售后的边界也会变得日益模糊。

制造企业与服务企业之间的关系也发生了变化，从买卖关系、服务与被服务关系转变成了融合共生关系，给服务企业的发展带来了机遇，也带来了挑战。服务企业如何适应这种新型关系，助力制造企业更好地解决问题，在产业链重构的过程中如何寻找发展机会与空间都是值得思考的问题。当制造企业将主要精力放在主业之上，朝着高端化方向迈进时，势必要将服务内容剥离出来，届时，服务企业能否承接这些服务内容至为关键。

在智能制造与制造服务化全面发展之时，对于服务企业来说，如何在供应链管理与网络链构建的过程中找到一体化的解决方案是一个与其成长紧密相关的重要问题。

◎ 外部动力作用逐渐减弱

在过去的 10 年间，推动我国服务企业发展的外部动力有 3 种，分别是技术、需求和政策。现如今，通过对我国服务企业的发展进行细致观察可发现，这三大动力所发挥的作用正在改变，政策推动的力量正在逐渐变小，需求拉动的力量正在逐渐增强，在技术的推动下，服务业或将由衍生性产业转向先导性产业。在这种变化形势下，服务企业能否快速适应备受关注。

首先，政策推动转向需求拉动。该变化在两大领域表现得最为明显：一是受政策推动发展起来的外贸企业逐渐衰落；二是文娱企业和技术科技服务企业在需求拉动下快速发展。过去，受政策（优惠政策、扶持政策、企业经营自主权放开政策等）的影响，一大批国有大型外贸企业崛起并迅速发展。当时，在我国服务业的大型企业中，外贸企业占比非常大，是其中的中坚力量。2007 年，有 137 家外贸企业进入服务业 500 强榜单，占 27.4%。

但随着外贸行业全面放开，行业竞争愈演愈烈，国家政策推动所发挥的作用越来越弱，外贸企业盈利越发困难。2016 年，我国企业的平均净利率为 8.16%，而服务业 500 强中外贸企业的平均净利率仅为 0.89%，同时，进入服务业 500 强的外贸企业也减少到了 116 家。

与此同时，由需求拉动的文娱企业与科技服务企业崛起并发展，有力地证明了消费需求与中间需求的存在与发展，对企业发展产生了强有力的刺激作用。2005 年，在我国的 A 股上市企业中，文娱企业有 18 家，平均净利率为 -7.9%；科技服务企业有 2 家，平均净利率为 -10.01%。2014 年，在我国 A 股上市企业中，文娱企业增长到了 37 家，平均净利率为 14.25%；科技服务企业增长到了 21 家，平均净利率为 9.32%。未来，这些在需求拉动下出现的服务企业会以更快的速度发展，而那些在政策推动下发展起来的服务企业则会逐渐摆脱对政策的依赖，将目光投向需求领域。

其次，在技术的推动下，产业结构逐渐改变，产业演进规律被打破。随着经济的发展，作为过程性产业与衍生性产业的服务业将逐渐崛起并发展，其地位也会越来越高。例如，从制造业中分离出来的物流企业，在技术的推动下，将演变成集运输、仓储、货代、信息于一体的现代型服务物流仓储企业，并充分发挥其黏合剂功能，由衍生性产业向先导性产业发展。

1.4 新常态下服务型企业的发展策略

◎ 创造客户价值，提升服务质量

在技术更新进步、智能制造普及应用、产业互联兴起、消费互联日渐深入的背景下，服务业与互联网及制造业的联系愈加紧密，技术推动引导产业格局重塑。服务业企业如何在产业格局重塑的过程中发掘机遇，如何借助新技术创新服务方式，提升服务质量，对于服务企业来说至为关键。

“十三五”规划明确表示“要加快推动服务业优质高效发展”。现阶段，中产阶层的群体规模日渐壮大，制造业逐渐朝高端化方向演进，生产性需求与消费需求不断升级。在此背景下，借助新技术，服务业企业不仅要扩大规模，还要增强实力，提升发展质量。

在产业链及产业生态中，服务业企业具有三大特点，分别是连续性、黏合性、过程性。因此，服务业企业要想优质高效地发展，准确地识别用户需求，优化企业资源配置，增强企业的服务能力，满足用户不断升级的需求至为关键。

随着中产阶层的壮大，以成本为导向的消费模式被逐渐弃用，高标准、专业化、便捷化、具有超强亲和力的新消费模式逐渐流行。随着消费需求的改变，服务方式也将改变，服务质量将得以大幅提升。在此阶段，服务业企业要紧抓消费升级所带来的发展机遇，依循客户需求创新

服务，提升服务质量，创造价值给客户提供更优质的服务，以实现自身成长。

◆ 确立"依循客户需求，创造客户价值"的服务思维

对服务企业业务增长、利润提升、持久价值实现有着重要影响的因素不是市场份额，而是顾客的忠诚度。有研究表明，如果某服务企业的顾客忠诚度能提升5%，该企业的利润就能增长25%～85%。提升顾客忠诚度的最大前提就是实现顾客价值。

近年来，互联网新模式之所以能成功颠覆传统服务模式，最主要的原因就是互联网新模式是以客户需求为导向构建起来的，并将提升客户价值视为了最重要的责任。

对于服务企业来说，一切服务活动的开展都要以客户为出发点、闭环点、核心点和再提升点。同时，客户也是服务企业实现持续发展的根本动力。所以，服务业企业不能只将"一切以客户为中心"视为一个口号，而要紧抓顾客现有需求，深入挖掘顾客的潜在需求，为顾客创造价值。

◆ 主动让服务与需求相匹配，提升服务质量

服务企业最需要思考的问题不是企业拥有什么，能为顾客提供什么，而是客户需要什么。只有明确客户需要什么，企业才能有针对性地为其提供服务，创造价值。

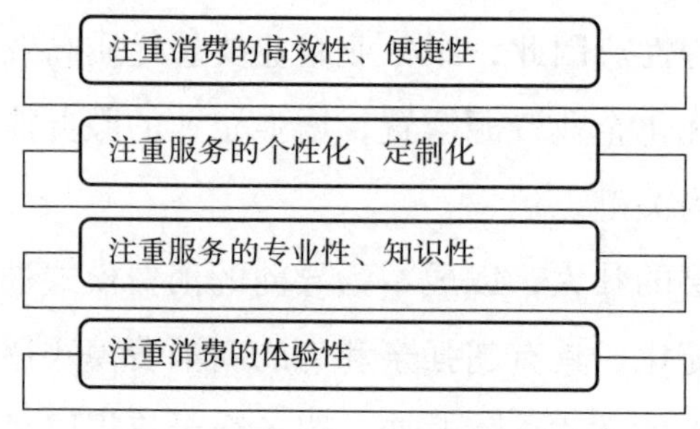

图1－4　顾客需求的变化与特点

现阶段，中产阶层规模不断壮大，消费持续升级，顾客对服务的关注重点从价格转移到了质量方面，相较于低价的服务来说，高质量的服务更能切中顾客需求。具体来看，顾客需求变化呈现出四大特点：

（1）注重消费的高效性、便捷性；

（2）注重服务的个性化、定制化；

（3）注重服务的专业性、知识性；

（4）注重消费的体验性。

基于此，服务企业要主动出击，在其服务产品及商业模式中融入高效、便捷、个性化、定制化、专业性、知识性、体验性的服务元素，以适应互联网快速发展催生出的新模式与新业态。另外，实力强大的大型服务企业还要积极构建行业服务标准，掌握话语权，以切实提升服务质量。

◎ 实现规模效应，优化企业资源

◆ 推动服务业企业实现规模性成长

制造业企业的规模性成长产生的是规模效应，其结果是成本降低。服务业企业的规模性成长则与之不同，更多的是知识与经验的积累，其结果是服务更加便利。例如，银行在不同的区域设立网点，能为顾客提供一个网络化或者专业化的服务体系。通过对比分析可见，2014 年，我国服务业企业中的 100 强与美国相比仍有很大差距，说明我国的服务业企业仍有很大的发展空间。所以，对于服务业企业来说，规模性成长仍是其主要任务。

经分析可见，复杂程度低、标准化程序高的服务活动能在空间范围内实现分散布局，复杂程度高、标准化程度低的服务活动则会在空间范围内选择集中式布局。因此，服务业企业要想实现规模性成长，标准化与平台化是两条最有效的途径。

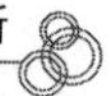

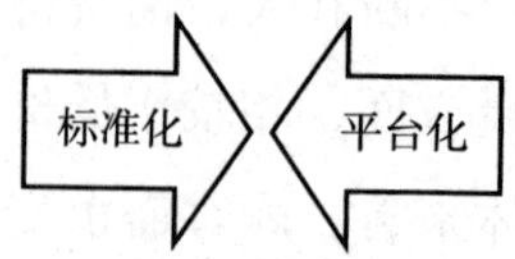

图 1-5　服务企业实现规模性成长的路径

（1）服务企业标准化

服务业企业分散化布局的前提是服务的标准化，这一点在商场、超市、百货、餐饮等企业中表现得最为明显，如星巴克。空间分散会引发地域扩张，缩短服务场景与顾客之间的距离，让服务变得触手可及，以满足顾客随时随地享受服务的需求，来提升顾客的忠诚度，增加企业利润，推动企业成长。

（2）服务业企业平台化

服务业企业集中式布局是指将多样化的服务产品汇聚在一个地方，在协同效应与范围经济的作用下实现快速成长。在互联网快速发展的背景下，服务产品在平台上的汇聚表现为服务业企业将多元化的服务产品或者众多关联企业在某个平台上实现虚拟聚集，在平台化的影响下，产品、业务、投资结构的多元化落到了实处。例如，腾讯借助 QQ 平台汇聚了数亿用户，催生出许多优质企业。在顾客、平台、企业相互作用的过程中使顾客黏性与忠诚度得以进一步提升，推动企业实现了快速成长。

◆ 优化使用企业资源，提升企业服务能力

对于企业成长与顾客价值的实现来说，相较于企业资源，服务能力更具有决定性作用。服务能力的高低深受硬件投入与软件效力的影响。硬件投入是指服务企业的物质设施投入，这部分投入对于服务业企业的正常运营来说必不可少，其主要功能是提升服务质量；软件效力是指企业文化、人力资源和企业品牌等。对于服务业企业来说，要想实现低成本、高效益运营，优化硬软件资源搭配，推动硬软件资源实现最大化利用是关键。

(1) 优化硬软件资源搭配

服务企业要以人为核心来进行能力建设，拥有一支素质高、积极性好、协作性强的团队就是其核心优势。过程性与互动性是服务产品的两大特点，人力资源高度卷入是服务过程的最大特点，顾客价值能否实现的关键在于员工技能、素质及服务意愿的高低。也就是说，服务员工不仅具有生产责任，还具有营销职责，要深入参与其中，作为产品的一部分为顾客服务。对于服务业企业来说，员工服务是最重要的无形资产，是实现持续竞争的关键。

为了更好地提升员工的个人能力，增强其服务意愿，进而提升企业的服务能力。服务业企业可从以下四个方面入手：第一，对员工进行有效培训；第二，对员工进行物质激励；第三，对员工给予硬件资源支持；第四，对员工进行精神鼓励。通过这四大措施来提升员工素质及满意度，从而增强员工效能。

(2) 有效利用硬件资源

现如今，服务企业正在逐渐摆脱劳动密集型状态，迈进资本密集型、知识密集型阶段，其发展对设备、技术、知识、人力资本的依赖程度越来越高。服务业企业的能力建设不仅要依靠人的主观能动性的发挥，还要依赖于物的支持。任何一种服务都急需场景与设备的支持，服务水平的高低取决于硬件支持的强弱。

例如，物流企业在仓储及运输设施方面的大力投入，满足了跨区域、大规模的运输需求，在这种条件下达到的服务水平远非人力可及。服务价值的实现、服务能力的提升离不开人的作用，也离不开硬件支持。从某种程度上来说，企业员工与硬件设备能相互替代，相辅相成，发挥其应有的作用。例如，银行 ATM 将原本人的责任转嫁给了机器，人在机器的帮助下能为顾客提供更加优质的服务，来增强顾客的价值体验。

◎ 创新服务手段，做大产业格局

服务创新的目的是满足顾客需求，提升服务效率与专业性，让服务变得触手可及，提升服务的可复制性，推动企业快速成长。服务创新的发生场景非常多，如服务理念创新、技术理念创新、服务传递过程创新等。所以，在现阶段，服务创新的实现可从以下三个方面入手：

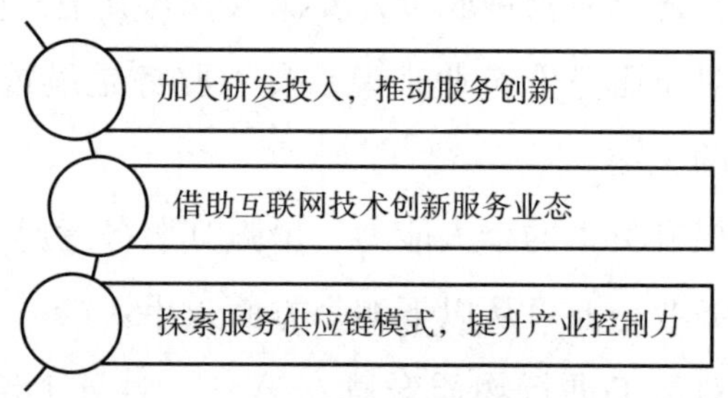

图1-6　服务创新的实现路径

◆ 加大研发投入，推动服务创新

差异化与个性化是顾客需求的两大特征，服务业企业要想实现快速成长，就要对顾客共有的、特定的需求进行分析，针对功能、活动、流程等要素设计标准化模块，以顾客动态需求为依照对模块组合进行调整，为顾客提供个性化的服务集合，让企业能够批量化供应产品，这一切都需要企业加大研发投入。

信息技术的快速发展推动了产业结构演进，使企业的成长条件与生态环境得到了极大的改变。服务业企业需要着眼于技术对服务方式、服务理念的改变，投入财力与物力促使企业的服务能力得以有效提升。

◆ 借助互联网技术创新服务业态

随着互联网等新技术的出现和发展，服务变得触手可及，服务成本日益下降，服务效率逐渐提高，全方位、全流程服务的可行性也逐渐增强。随着产业互联网的兴起与发展，消费互联网的深入，服务业企业与互联网之间的关系日益紧密，更多的服务新业态正在酝酿之中。借此之机，服务业企业或将实现转型升级，真正地做大、做优、做强。

例如，流通企业与互联网深入结合，推动商业模式升级，从买卖差价转变为集信息、金融、物流、仓储于一体的供应链服务模式，推动其从消费终端向产业互联的方向转移，最终达到推动流通企业升级实现流通 4.0 的目标。

旅游企业、教育企业与互联网的深入结合推动客户资源朝线上转移，服务业企业也呈现出线上线下融合之势，企业竞争转移到了资源整合、服务体系构建、品牌推广等领域，为传统旅游企业创新渠道、塑造品牌形象、提升服务质量带来了绝佳的机会。

◆ 探索服务供应链模式，提升产业控制力

在很多情况下，服务企业表现出的是连接属性，发挥的是黏合剂功能。大企业的核心竞争优势是综合性、复合性优势，以产业价值链为核心进行布局，紧抓其中的关键环节，对其中的资源进行整合来开展服务，才能获取独一无二的竞争优势。

从服务业发展的角度来看，服务业企业的商业模式正在从交易服务阶段、信息服务阶段向资源整合阶段过渡。在新常态下，服务业企业竞争的主要来源是跨行业颠覆，业内领先企业正在着力构建生态圈，该生态圈具有两大特性，一是产业融合，二是持续进化。另外，业内领先企业还在构建多方位复合竞争优势，企业的跨行业重组已逐渐成为重要趋势。

在这种情况下，服务业企业能否胜出的关键在于：能否破除行业壁垒，整合行业资源，汇聚平台优势，做大产业格局，构建闭合的生态圈，为顾客提供一站式服务，将其连接属性与黏合剂功能最大限度地发挥出来。

◎ 加快服务转型，实现“四化融合”

◆ 服务业生态化

与第二产业相比，服务业具有资源能源消耗低、环境污染小、生态友好的特点。不过，随着服务业的快速发展以及社会环境保护意识和生态理念的成熟，服务业产生的环境问题也受到人们越来越多的关注：政府不断出台规范和鼓励服务业绿色发展的政策，消费者也越发青睐健康、绿色的消费形态。由此，生态化转型成为构建现代服务业体系的重要内容和方向。

具体来看，服务业生态化转向主要表现在两个方面：

(1) 服务过程的清洁化、生态化。即服务业企业要准确地把握环境规制和消费理念的转变，开展绿色营销、绿色服务，在服务过程中注重资源能源节约以及对废弃物的合理处理乃至循环利用，积极探索清洁化、生态化的服务新模式，以适应绿色消费、生态环境保护等方面的要求。

(2) 生态型服务业态的高效发展。即随着越来越多的公众开始追求自然、健康、品质、绿色的生活方式和消费形态，服务业也要紧紧围绕用户诉求，通过氧吧、生态旅游等生态型服务业态的创新创业，为人们提供多元化、个性化的绿色服务产品。

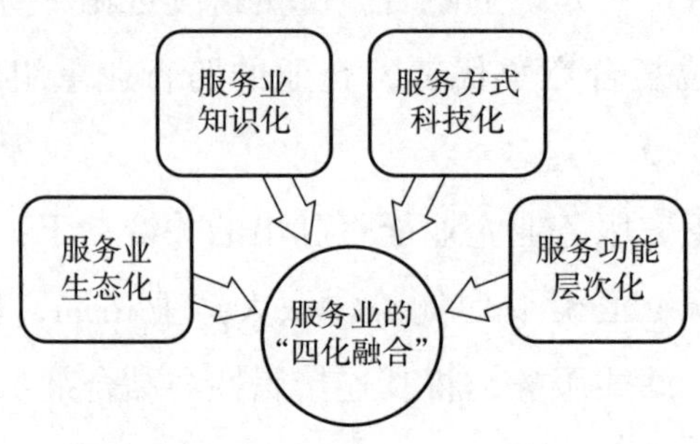

图1-7　服务业的“四化融合”

◆ 服务业知识化

20 世纪 60 年代，美国著名经济学家威廉·杰克·鲍莫尔（William Jack Baumol）在一篇研究经济增长的论文中提出，本质上属于劳动密集型的服务产业，其生产效率的提升要比制造业困难得多。这一论断被人们称为“鲍莫尔病”。

然而，由于鲍莫尔忽视了服务业也可能成为知识和技术密集型产业，因此在服务业的实际演进中“鲍莫尔病”并没有大规模出现。到 20 世纪 80 年代，以保罗·罗默（Paul M. Rome）为代表的新经济增长理论学派将知识和技术要素引入服务业增长的内生变量中，使知识成为与资本、劳动力、土地同样的生产要素，从而推动了发达国家的服务产业从资本和劳动密集型转向知识、技术密集型，服务业的知识化、智能化发展态势日益凸显。

服务业的知识化转向主要表现为知识和技术密集型服务业态的快速发展。即服务业增长从以往依靠资本、劳动力驱动转变为主要依靠专业性知识和技术驱动，法律服务、管理服务、工程设计服务、金融服务、互联网大数据服务等以知识为基础、附加值高的知识密集型服务业态成为现代服务业的主要内容，拥有巨大的发展潜力和市场空间。

欧美等发达国家已构建起了以现代服务业为主导的经济结构。相比之下，我国多数服务业还处于依靠资本和劳动力投入发展的阶段，亟须借助互联网信息化高新技术构建服务业发展的新动力、新模式，实现服务业的知识化、智能化转型。

◆ 服务方式科技化

技术进步特别是互联网信息化高新技术的突破发展，为服务业经营模式的创新提供了坚实基础和更大的想象空间。技术、产业、组织、管理、业务流程等各个方面的变革再造，有力推动了服务业的转型升级和服务水平与质量的提升。

新产品、新方式、新业态不断涌现，专业店、连锁店、无店铺销售等创新性服务业态快速兴起；物流与供应链管理、教育培训管理咨询、研发设计、市场营销等也不断涌现各类新服务业态和经营模式；无线射频、自助服务机、商业智能等成为商务服务业发展的新态势。

发达国家的实践经验早已表明，服务方式的网络化、连锁化、信息化、科技化等现代化发展趋势，是推进服务业资源有效整合、创新服务业态、提高产业整体素质的重要方式，有利于打造方式更先进、内容更丰富、质量更高的现代服务产业体系。

◆ 服务功能层次化

以往由于信息流通和交通条件等的限制，服务业企业的服务半径较小，因此大多是一种分散布点、遍地开花的服务模式。随着互联网信息技术的发展成熟和交通条件的不断改善，企业的服务范围不断拓展；同时，进入经济新常态后，公众在服务方面的消费诉求也转向专业化、精品化、多元化。这导致服务功能和服务等级的显著分化，不同城市、不同地域形成了多层次的现代服务业集聚区，高端服务领域的多元化、精深化趋向越发明显。

服务功能层次化主要表现在两个方面：

（1）不同城市在服务功能的定位上出现了明显的差异和等级，特别是在以金融服务业为核心、以现代服务业为主导的全球产业结构中，一些国际性大城市正成为本国乃至全球的金融中心、贸易中心、跨国公司总部和研发聚集地。

（2）在同一个城市，服务业的不同领域和方向出现明显的地域分离。如金融、保险、高级商业中心、公司总部等高端服务领域向城市的核心商业区聚集，而住宅、仓储等方面的服务企业则在城市负集群效应的驱动下逐渐向郊区等城市外围转移。

第2章

“互联网+”时代的现代服务业创新

2.1 “互联网 +”：服务业发展新引擎

◎“互联网 +”重塑传统服务业

自 2015 年初李克强总理提出“互联网 +”行动计划以来，互联网对各行业特别是服务业的渗透开始全面加速，为传统服务业注入了新的生命力，并逐渐成为服务业发展的主要引擎。

一方面，互联网与传统服务业的有机融合，开拓了服务业发展的新路径，推动了经济结构的转型升级；另一方面，移动互联网、互联网金融等的不断发展成熟催生了一批优质的互联网服务企业，这些企业在实现自身快速成长的同时，也为众多中小企业提供了广阔的发展空间。

（1）我国正处于从“制造大国”向“服务大国”的转型期。近几年，我国服务业发展十分迅速，2012 年服务业增加值在 GDP 中的占比首次超过工业，为 45.5%；2013—2015 年，服务业增加值增速分别为 8.3%、7.8%、8.3%，远高于工业增加值的增速。大力发展服务业，既能提高全社会的生活水平，也是我国经济结构转型升级的必然要求，而“互联网 +”强大的整合协同能力，正是推动服务业实现高效、优质、快速发展的最佳助力。

（2）“互联网 +”服务业是适应经济新常态、具有更大发展潜力和想象空间的创新模式，不仅有利于构建经济发展双引擎、实现我国经济结构的转型升级，为经济发展带来更多增量、提升核心竞争力；也是落

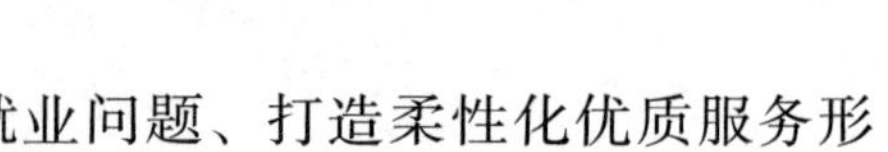

实“双创”政策、解决日益严峻的就业问题、打造柔性化优质服务形态的有效路径。

（3）从政府的角度来看，要进一步深化改革，以更加开放的心态对待“互联网 + 服务”的各种创新形态，同时完善信息保护和网络安全监管机制，为“互联网 + 服务业”的发展提供有利的政策环境。

在以往的服务业态中，由于信息不对称、流通不畅，用户只能被动接受而无法自主表达服务诉求；同时，服务商也只能根据自身的判断提供服务解决方案，导致服务成本过高、服务水平较低。

与此不同，“互联网 + ”时代是一个信息高度透明、开放、共享的时代，用户不仅可以主动提出和寻找想要的服务；服务商也能够通过与用户的实时深度交互，精准定位用户潜在的服务需求和痛点，从而及时改进服务内容、提高服务水平，为用户提供更优质高效的服务。从这一角度而言，“互联网 + ”大大推动了相关服务业的快速发展和服务业整体水平的提高。

国家统计局发布的数据显示，2015 年我国服务业继续保持高速增长态势，服务业增加值同比增长 8. 3%，高于第二产业增加值增速 2. 3 个百分点；服务业增加值达到 3. 41 亿元，占国内生产总值的 50. 5%，高出第二产业 10 个百分点。可见，服务业已成为经济发展中稳增长、调结构、惠民生、促就业的主要动力。

具体来看，“互联网 + ”对服务业发展的巨大推动价值主要表现为：

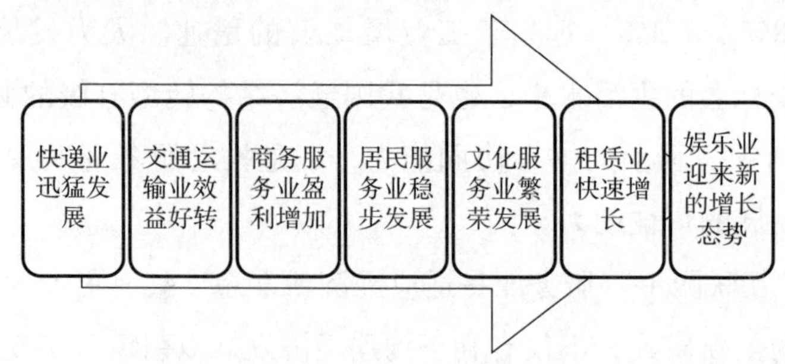

图 2－1　“互联网 + ”对服务业的推动价值

◆ 快递业迅猛发展

根据国家统计局发布的报告，2014年我国邮电业务市场规模增长19.0%，达到21846亿元；其中邮政业务规模达3696亿元，增长35.6%；电信业务总量达18150亿元，增长16.1%；2014年全年快递业务量为139.6亿件，同比增长51.9%；收入规模达2045亿元，同比增长41.8%。

根据国家邮政局统计，2014年我国快递业务量首次超过美国，成为全球第一；2006—2015年，快递业务量复合增速为40%，从2006年的10亿件增长到2015年的206.7亿件，增长了近20倍；2015年快递行业收入规模为2769.6亿元，同比增长35.4%，近10年的复合增速为28%。

我国快递服务业的快速发展主要得益于电子商务特别是网络零售市场的爆发式增长。根据国家邮政局的数据，从2013年开始，快递业中的包裹超过60%是来自网络零售，一些快递公司的这一比例甚至超过了70%。

◆ 交通运输业效益好转

作为传统服务产业的重要部分，交通运输业借势整体经济结构的转型升级，实现了效益的大幅提升。国家统计局的数据显示，2015年上半年，铁路、公路、水路、航空和管道运输5个领域的总创收规模超过1.3万亿元，同比增长3.2%，营业利润617.5亿元，增长了2.1倍，提供了579万个就业岗位。

近几年，随着我国大力发展高铁经济，京沪高速铁路股份有限公司、京津城际铁路有限责任公司以及郑州、西安、武汉铁路局等企业的运营效益不断好转，铁路运营企业逐渐扭亏为盈；航空运输方面，得益于国际油价持续低位运行，航空企业收入增长平稳，2015年上半年营业利润同比增加218.2亿元，企业经营预期指数为65.9%；水上运输和

管道运输效益持续增长，道路运输业的亏损程度也在不断降低。

◆ 商务服务业盈利增加

商务服务业作为现代服务业的主要组成部分，在"互联网+"时代的地位和价值越发凸显，营业收入和企业利润水平都大幅提升。根据国家统计局的数据，2015 年上半年国内商务服务业企业的创收规模为 12882.6 亿元，同比增长 8.2%，比规模以上服务业企业提高了 0.7 个百分点；营业利润 3579.2 亿元，同比增长高达 71.2%。

细分来看，法律服务、知识产权服务、人力资源服务、旅行社及相关服务、安全保护服务等领域的营收增速较快，分别为 22.6%、12.4%、15.3%、17.3%和 15.3%。同时，企业管理服务行业的盈利能力提升明显，2015 年上半年的利润达到 3209.6 亿元，同比增长 87.2%，为规模以上服务业营业利润增长贡献了 25 个百分点。

◆ 居民服务业稳步发展

社会生活水平的不断提高和人们日常生活服务需求的快速增加，为居民服务业提供了广阔的发展空间。2015 年上半年，居民服务业收入和利润增速分别为 11.6%、39%。其中，家政服务和托儿服务需求旺盛，营业收入同比增长了 23.9%和 41.7%；婚庆服务经过多年的培育、发展和沉淀，形成了较为专业化、标准化的产业链，营收规模增长了 17%；洗染服务、理发美容服务、洗浴服务、保健服务、殡葬服务等其他领域也在稳步发展，效益不断提升。

同时，为进一步推动居民服务业在"十三五"期间的高效优质发展，充分发挥其在稳增长、调结构、惠民生、促就业方面的巨大功能，商务部还制定了《居民生活服务业发展"十三五"规划》，提出到 2020 年要初步形成优质安全、便利实惠、城乡协调、绿色环保的城乡居民生活服务体系，以更好地满足在经济新常态下人们对多元化、个性化、高品质生活服务的消费诉求。

◆ 文化服务业繁荣发展

近几年，随着国家对文娱产业重视程度的不断提高以及文化体制改革的深化，国内文化服务业呈现出百花齐放的繁荣局面。2015 年上半年，我国文化、娱乐和体育业的收入规模同比增长了 12.8%，利润增长了 26.6%。其中，广播、电视、电影和影视录音制作业，文化艺术业，体育业和娱乐业 4 个领域的营收增速都超过了规模以上服务业企业的增长速度。

随着更多鼓励扶持政策的落地，以及互联网泛娱乐产业的爆发式增长，我国文化服务业将获得更广阔的发展空间；同时，各类“互联网 + 文化”创新模式的不断涌现，也将大幅提升文化服务业企业的盈利能力。

◆ 租赁业快速增长

我国市场化水平和社会分工专业化程度的不断提高，推动了租赁服务业的快速发展。数据显示，2015 年上半年，租赁业营收规模为 455.9 亿元，同比增长了 13.6%。其中，传统汽车租赁业借助“互联网 + 智能交通”的创新模式，获得了更强的生命力，营收规模持续快速增长，2015 年上半年达到 130.7 亿元，同比增长了 19.3%；农业机械租赁业也在农业机械化和农机融资服务发展的推动下，营收增长了 39.9%，利润增长了 27.2%。

◆ 娱乐业迎来新的增长态势

随着互联网泛娱乐产业的爆发式成长，我国娱乐服务业不仅发展迅猛，而且不断创新运营模式和发展形态。例如，以长隆系、华侨城系为代表的大型主题特色公园，就为传统娱乐产业注入了全新的发展活力。

2015 年上半年，娱乐业服务企业营收增长了 21.9%，利润增长了 71.7%，从业人员规模增长了 8.9%。其中，发展较为成熟的传统影视行业，在“互联网 + ”的推动下开拓出更巨大的价值想象空间，成为

互联网泛娱乐产业中十分抢眼的内容。

◎"互联网+服务"的顶层设计

"互联网+服务业"在稳增长、调结构、促就业、惠民生等诸多方面有着重要价值：不仅是打造经济发展双引擎、推动经济结构转型升级、为经济带来更多增量、提高经济核心竞争力的重要路径，也有利于落实"双创"政策、解决日益严峻的就业问题、构建更加适合经济新常态的柔性化服务模式。

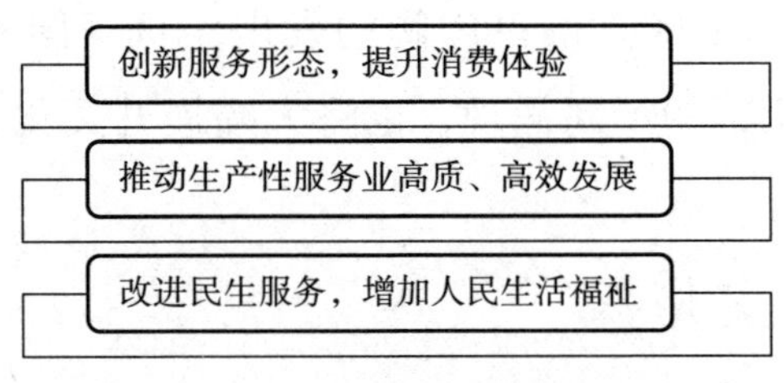

图2-2 "互联网+服务"的顶层设计

◆ 创新服务形态，提升消费体验

一方面，"互联网+服务业"作为一种创新形态，推动了新业务、新模式、新业态的大量涌现，从而构建出基于互联网的经济发展新引擎，促进"大众创业、万众创新"政策的顺利落地；同时，"互联网+"对传统产业的深度渗透与融合，也为传统行业注入了全新的生命力，推动了公共服务水平的大幅提升，从而为经济发展持续提供动力。

随着互联网作为基础设施和实现工具角色重要性的不断提高，围绕"互联网+"构筑双引擎战略已成为我国经济发展的必然选择。

"互联网+"突破了时间和空间的物理局限，使人、物、信息等得以全面深度连接交互，有效解决了传统商业模式中的信息不对称、不透明等问题，推动了跨界融合创新业态的大量涌现和产业、资本、估值等诸多方面的结构重塑。智能交通、互联网金融、智慧医疗等"互联

网 +”的创新服务形态，表明传统服务产业正在进行深层次的“基因重组”。

同时，“互联网 +”也能够为经济发展带来更多增量，成为稳增长、调结构的重要保障。全球最著名的管理咨询公司麦肯锡指出，互联网经济的不断发展将使中国 GDP 从 4 万亿增加到 14 万亿元，这一数字是 2014—2025 年 GDP 增长总量的 7% ~22%。与传统封闭式的商业产业模式不同，“互联网 +”是一种高度开放、合作共享、互联互通的生态系统，能够拓展出无限广阔的发展空间。

例如，网络支付安全是电子商务发展的最大痛点，支付宝通过有效解决这一问题，极大地推动了电子商务行业的爆发式增长；同时，电子商务模式的快速成长并没有大幅压缩银行卡和现金消费的生存空间，而是开拓出一个全新的消费与支付市场，属于经济增量。同样，“互联网 +”金融、医疗、交通、餐饮等也是如此，是通过为人们提供更优质高效的消费体验，充分释放出社会的潜在需求，培育、开拓出全新的增量市场。

◆ 推动生产性服务业高质、高效发展

生产性服务业的高效、高质发展是稳增长、调结构、转动力的重要保障，而互联网产业和信息服务业对于激发生产性服务业的深度活力、创新发展模式具有重要价值，是实现生产性服务业更好、更快发展的重要依托。

因此，应大力加强互联网的基础设施建设，加快构建合理的信息共享与竞争机制，让信息服务业成为生产性服务业发展的重要支撑，为后者注入全新的生命力；成立专门的引导基金，吸引更多社会资本进入生产性服务业，推动银行等金融机构提高生产性服务业企业的授信额度和贷款规模，更好地解决这些企业特别是中小型服务企业融资难的问题；政府要加大对生产性服务业的财政投入，积极进行政策变革，为生产性服务业发展构建良好的政策环境。

◆ 改进民生服务，增加人民生活福祉

"互联网+"服务业也是提高民生服务水平、保障和改善民生的重要支撑。"互联网+益民服务"的诸多创新模式有利于实现公共服务资源的更优化配置和高效利用，丰富民生服务内容，提高公共服务水平，从而让公众获得更便捷、高效、优质的日常生活服务。

电子政务、便民服务、在线医疗、健康养老、网络教育等，这些互联网创新服务业态为人们提供了全新的民生服务体验，成为全面建设小康社会、增加全民生活福祉的重要路径。例如，"互联网+便捷交通"大幅提高了对公共交通资源的利用效率和管理水平，有效缓解了交通资源紧张、拥堵严重等"城市病"；"互联网+绿色生态"也为我国构建绿色经济、循环经济、可持续发展模式等提供了新的思路和方向。

◎"互联网+服务"的发展对策

"互联网+"是服务业发展的巨大助力，有利于推动服务产业转型升级、增强产业链整体竞争力，构建便捷、高效、优质的现代服务业生态体系。为此，政府不仅应对"互联网+服务业"的各种创新形态保持开放包容的心态，还要积极采取多种举措促进"互联网+服务业"的高效、高质发展。

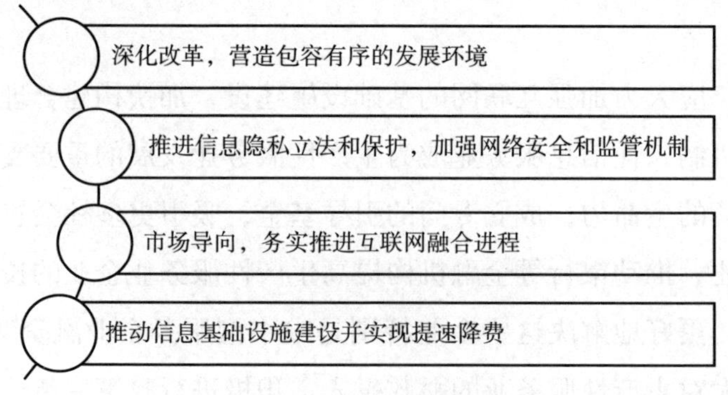

图2-3 "互联网+服务"的发展对策

◆ 深化改革，营造包容有序的发展环境

（1）构建包容有序的监管环境

打破行业壁垒，放宽融合性产品和服务的准入标准，让更多的市场主体可以平等进入；建立并推广负面清单，加强监管，保证“互联网 + 服务业”的规范有序发展；进一步简政放权，深化商事制度改革，提高工商注册服务效率；以开放包容的态度鼓励服务业发展的各种创新模式，并加强融合业务的协同监管，不断提高管理服务水平，营造公平有序的竞争和发展环境。

（2）开放公共数据

政府应大力推动交通、教育、医疗等公共数据资源的开放共享，通过引入更多市场主体和社会资本，充分发挥市场在资源优化配置中的作用，深化互联网与公共服务的全面融合，为公众提供更加公平、高效、优质、便捷的日常生活服务。

（3）加强重要领域的引导扶持

政府要从全局的视角出发，大力引导扶持单纯依靠市场力量无法形成的产业新生态，以避免碎片化发展，提高新产业生态的整体竞争力。

◆ 推进信息隐私立法和保护，加强网络安全和监管机制

随着互联网的快速发展普及，网络信息安全早已引起人们的高度重视，也是“互联网 +”战略顺利实施的重要前提。然而，面对互联网各种创新形态的不断涌现，我国政府相关部门却准备不足：互联网管理的相关法律法规滞后，对信息隐私保护不到位，执法手段相对不足，缺乏能够有效监测、取证和判定企业竞争行为的手段，尚未理顺对互联网商业这一创新形态的管理和监管方式。

因此，除了互联网行业参与者要加强自律，政府监管部门也要加快构建互联网信息监管政策和隐私保护机制，以推动“互联网 + 服务业”的良性、有序、长远发展。

◆ 市场导向，务实推进互联网融合进程

（1）夯实网络基础

加快宽带基础设施更新升级，提高互联网接入能力、弹性资源服务能力和网络安全保障能力；同时，深化工业互联网基础设施和平台建设，为传统产业转型升级拓展新空间，推动“制造大国”向“服务业大国”的转型。

（2）发展平台经济

基于互联网打造高度开放共享的平台经济，提升面向各行业的业务平台服务能力，培育更多细分领域的生态系统，从而借助平台生态强大的资源整合能力为众多创新创业者和中小微企业营造更好的互联网发展环境。

（3）拓展业务范围

以市场为导向充分发挥互联网技术与用户聚合优势，吸引更多主体和资本进入公共服务及相关领域，从而拓展业务范围、丰富解决方案、优化盈利模式，推动“互联网+服务业”各类创新业态的发展普及。

◆ 推动信息基础设施建设并实现提速降费

针对互联网信息化的发展痛点，相关部门应大力推进云计算和大数据服务，完善信息基础设施，提速降费，从而为“互联网+服务业”领域的创新创业行为提供有力支撑，并让公众获得更优质的互联网服务体验。

2.2 “互联网+”时代的服务产业转型

◎ 推动产业结构的优化升级

随着互联网成为水、电一样的基础设施，服务业也借助互联网全面、深度的渗透融合而在产业结构、产业组织、产业资源配置以及产业格局等各个方面发生巨大的变革重塑。这些变革，或如和风细雨，通过嵌入新的基因为服务行业注入新的活力；或如狂风暴雨，对原有的服务思维、价值理念、运营模式等进行颠覆重塑，进而开拓出全新的服务业态和发展空间。

具体来看，互联网对服务业的影响主要体现为：

◆ 互联网促进社会化分工，强势构建新型现代服务业体系

互联网与服务产业的深度融合，将大幅增强服务行业的整体服务能力和水平，构建出更加高效、柔性并精准对接用户的新型现代服务业体系。互联网的开放、共享、无边界性特质，有助于服务领域打破时空壁垒，进一步促进社会化分工，甚至通过互联网工具平台调用、整合全世界的资源为己所用，实现服务产业整体生态的转型升级。

随着传统第一、第二产业中农业互联网和工业互联网的发展成熟，农业、工业、服务业之间在某些领域的界线正不断模糊甚至消失，跨界成为逐渐互联网经济时代的常态。从第三产业来看，消费互联网的发展

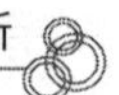

已相当成熟，网络购物、网络游戏、共享租车、在线教育等基于互联网的各类创新性服务业态和行业不断涌现，从而极大地丰富了现代服务业体系内容。

◆ 互联网向企业主导型转变，大幅提升生产性服务业的比重

在过去的十几年里，我国互联网经济主要是消费驱动型的，集中在消费互联网领域，而以企业为主导的工业互联网、产业互联网的发展则相对滞后。例如，麦肯锡全球研究院的报告指出，到2013年中国网络零售规模已超过美国（2700亿美元），达到2950亿美元；不过，在生产层面，中小企业在运营中对互联网的使用率只有20%～25%，远低于美国企业72%～85%的利用水平。

不过，随着互联网对各个领域的深度渗透以及整体生态的优化成熟，我国企业也开始积极拥抱互联网，在工业互联网、产业互联网等新型理念的指引下，借助互联网思维、技术、平台、模式不断对传统生产方式进行创新变革。企业云服务、研发设计、第三方物流、商业咨询等以企业和生产运营为对象的服务领域获得了更为广阔的发展空间。

服务业是增加就业的主要渠道。有研究指出，同样是1万亿元增加值，服务业能够带动的就业人数比第二产业多30%。同时，我国新型城镇化建设的快速推进将吸引更多财政与社会资本投入到服务产业，财税改革的深化也将促使更多财政用于民生领域，而这些都将进一步激发社会的消费潜力，为服务业发展提供坚实的市场基础。

随着"互联网+"、移动互联网、智能终端等的发展成熟，不论是生产性服务业还是消费性服务业都获得了更大的发展想象空间，成为"大众创业、万众创新"的最佳契机。在这一过程中，"互联网+"也给产业转移和就业带来了巨大机遇：大幅降低了创业就业门槛、劳动力市场更具流动性、结构性失业问题获得了新的解决方案。

◎ 引领组织变革与产业布局

◆ 引领产业组织变革

(1) 互联网企业掀起跨界竞争，冲击甚至颠覆传统服务业企业的行业地位

与传统服务企业固化的思维与运营模式不同，互联网企业机制更灵活、思维更开放、商业模式也更具创新性和颠覆性，常常通过跨界竞争对原有规则、市场格局等形成巨大的变革颠覆，从而借助“鲶鱼效应”推动传统服务行业的变革重塑。

例如，电信运营商曾在国内通信领域处于绝对“霸主”地位，市场竞争也只是三大运营商之间的内部争夺。然而，微信的诞生和爆炸式成长却让电信运营商措手不及，曾经的垄断优势早已不复存在。同样，互联网金融的持续火爆，特别是众筹、人人贷、第三方支付等各类创新性金融服务模式的不断涌现，也与传统银行的“存、贷、汇”等核心业务形成强力竞争，进而倒逼着银行不得不进行互联网化的服务创新与转型升级。

(2) 互联网企业引领平台经济，为中小服务业企业提供广阔的成长空间

与传统商业市场遵循“二八法则”、侧重主流产品或服务不同，互联网商业是一种平台经济，更加关注长尾所具有的价值想象空间。不论是深耕特定领域的垂直企业，还是 BAT 这样的互联网巨头，大都致力于搭建开放性的平台生态系统，通过聚合更多中小创业企业和资源，在帮助他人成功的同时也让自身获取更大的价值。

例如，腾讯公司通过开放 1 万个 API 为相关开发者提供底层技术支持。腾讯云在全国设置了 300 多个加速节点，能为开发者和企业提供云服务、云数据、云运营等一站式服务方案，其开放平台中甚至出现了

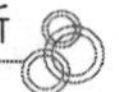

10家上市公司。可见，借助互联网开放性平台生态的有力支撑，中小服务业企业将获得十分广阔的成长空间。

◆ 改变服务产业布局

（1）互联网促进城乡资源对接，推动服务业城乡一体化发展

长期存在的城乡二元结构导致我国服务业发展呈现出严重的不平衡状态，农村地区的服务业资源和服务水平远远滞后于城市地区。不过，随着互联网在农村的不断普及以及农村物流基础设施的发展完善，这种城乡间的割裂状态正逐渐弱化和消解。

阿里研究院相关研究认为，随着城市电商市场趋于饱和以及农村互联网的发展成熟，农村地区将成为我国电子商务发展的蓝海。同时，基于互联网开放、共享、整合、协同等特质，城乡资源将实现深度对接交互，从而推动我国服务业向城乡一体化的良性轨道发展——一方面广大农民在家便可购买到全国乃至世界各地的商品，享受与城市居民同等的优质服务；另一方面，众多“淘宝村”的出现又充分满足了城市消费者对高品质农产品的需求。

（2）互联网助力服务业企业实施国际化战略，一点接入、服务全球

互联网在全世界的发展普及打破了时间和空间的物理限制，让世界真正成为“地球村”，从而为国内服务业企业拓展海外市场、实现全球化经营提供了有利条件和坚实支撑。当前，越来越多的企业开始借助互联网平台渠道开拓海外市场，积极实施“走出去”战略。

例如，中国工商银行就将网上银行、手机银行等线上金融服务业务拓展到了海外40余个国家和地区，涵盖了13种语言，并通过电子银行全球服务网络为客户提供全天候实时服务。因此，互联网有利于企业扩张全球业务版图，推动服务业更好地实施“走出去”战略。

◎ 实现产业资源的优化配置

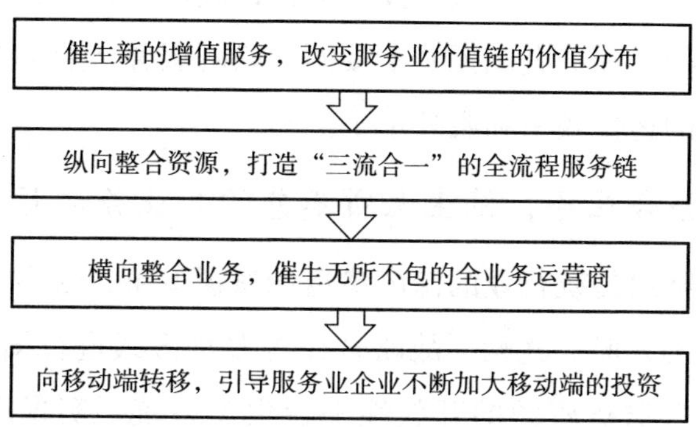

图 2 –4　如何实现服务产业资源的优化配置

◆ 催生新的增值服务，改变服务业价值链的价值分布

通过互联网大数据技术，企业可以准确地把握消费者特质、深度挖掘潜在需求，进而提供更多个性化的增值服务，将价值链中的更多环节转化成自身的竞争优势。例如，百度公司通过对网民搜索数据信息的积累，构建了全国最大的消费者行为数据库。通过对用户行为大数据信息进行深度挖掘和多维分析，百度可以帮助企业精准定位用户的地域分布、消费偏好、行为习惯等信息，从而使企业更有针对性地拓展增值服务，开辟新的收益渠道。

随着社会逐渐步入 DT 时代，大数据已成为经济新常态下最重要的战略资源，能够极大地拓展企业的商业价值想象空间，并成为服务业企业构建竞争优势不可或缺的内容。

◆ 纵向整合资源，打造“三流合一”的全流程服务链

互联网强大的整合协同能力，有助于实现信息流、物流、资金流的有机融合，优化改善从用户需求分析、服务准备到服务开展的全流程服务链，从而为用户提供无缝对接的一体化消费体验。

阿里巴巴是全流程服务链模式的标杆。阿里巴巴不仅构建了淘宝和天猫电子商务集团、菜鸟智能物流骨干网、以支付宝为代表的蚂蚁金融服务，更是借助阿里云和大数据技术平台，成功地将三者融合起来，打造出信息流、物流和资金流无缝衔接的互联网服务产业生态，从而大大增强了服务业的运作效率和服务水平。

◆ 横向整合业务，催生无所不包的全业务运营商

随着互联网对传统行业的深度渗透和颠覆变革，众多互联网企业也在不断通过投资入股、并购、战略合作等多种方式进行横向业务布局，以构建包含更多服务资源的开放性平台生态系统，实现跨业态、跨行业、跨领域的多元化经营。

例如，基于生态平台战略，阿里巴巴仅在2014年上半年就相继收购了中信·21世纪、1stdids、高德软件、文化中国、银泰百货、魅族科技、优酷土豆、新加坡邮政、恒大足球俱乐部、UC优视、“21世纪经济报”等诸多企业。这些与此前的业务布局相结合，使阿里的触角延伸到了电商、社交网络、物流、金融、旅游、导航、视频娱乐、医疗、教育、文化、体育等各个服务领域，极大地丰富了自身的平台商业生态系统。

◆ 向移动端转移，引导服务业企业不断加大移动端的投资

手机等智能终端设备的快速普及和移动互联网的发展成熟，推动网民不断从PC端转向移动端，进而促使服务业企业的运营重心也向移动端转移。

当前，随着移动互联网整体生态的发展成熟，服务业企业也不断围绕社交、O2O、LBS等进行移动端布局，网购、团购、美食、生活资讯、地图、旅游、出行、健康、社交、娱乐等与人们日常生活息息相关的各类移动APP大量涌现，大大提升了服务业的整体服务水平，为用户带来了全天候、全方位的个性化服务。

2.3 大数据时代的智能化服务新模式

◎ 信息获取智能便捷

随着移动通信、云计算、物联网、大数据等新一代信息技术的蓬勃发展和深入应用，各类数据呈现爆炸式增长，从而推动社会逐渐迈入DT时代。数据成为各个产业领域的战略资源，政策管制、市场竞争、企业管理等越来越多的工作都对各类数据的长期存储与合理应用提出了要求，以更好地完成用户分析、战略研究、管理与市场决策等工作。

另一方面，移动互联网、云计算、物联网等的发展成熟也使各类数据的价值被深度挖掘和发挥出来，并被应用到软硬件服务、信息获取、民生服务、智能决策等各个方面，从而推动了智能化服务时代的到来。

社会信息化水平的不断提高，各类社交网络的大量涌现和发展成熟，移动网速的快速提高，云计算、物联网等应用场景的丰富，以及大量移动终端、智能传感设备的入网，导致越来越多的人、事、物、信息、场景等被数据化，从而推动社会真正进入到一个“信息爆炸”的时代，不论是信息规模还是增长速度都是其他任何时期难以比拟的。

不过，信息的爆发式增长也产生了诸多问题，如海量信息的有效存储、数据隐私保护、数据的有效访问效率等。在这些新问题的影响下，如何从海量数据中快速高效地获取自己需要的信息，便成为数据使用过程中需要首先解决的难题。大数据、云计算、移动互联网等新一代信息

技术的发展成熟，则提供了有效的问题解决方案，可以帮助人们在各类不同数据中智能、便捷地找到有价值的信息。

例如，百度大数据引擎将开放云、数据工厂、百度大脑三大组件开放给社会，使外界能够共享百度强大的大数据能力。基于百度大数据引擎提供的大数据存储、分析、挖掘等技术，传统行业可以借助分布在各地的百度新一代高效能数据中心，实现超大规模的数据存储和分布式计算。

之后，"数据工厂"会对行业数据进行规范化处理，实现有效的数据管理与分析，从而实现社会大数据、行业大数据等多种数据信息的价值深挖，帮助各行业有力地应对信息化时代的数据挑战。

利用大数据、云计算等新技术智能便捷获取信息的另一个表现是：人们在进行网络浏览、搜索和互动时都会留下相应的数据，这些数据再加上网络媒体数据构成的多数据源，不仅能够实现对用户情绪的挖掘，还可以分析出不同网络行为之间的关联性，从而获取用户现实中的社会经济行为趋向；同时利用信息搜索和查询的智能化、记忆化，通过网络数据挖掘分析预测人们的社会经济行为，实现更为智能便捷的信息获取。

◎ 公共服务价值获取

物联网、云计算、大数据等新技术的发展成熟和应用创新，推动了诸多民生服务领域的信息化、智能化、网络化转型升级，从而大幅增强了社会的整体公共服务能力。下面以智慧医疗和智慧教育为例说明大数据技术在民生服务方面的巨大价值。

◆ 智慧医疗

看病难一直是我国医疗卫生产业发展的一大痛点，而基于物联网、云计算和大数据技术的智慧医疗模式则提供了有效的问题解决方案，主要表现在智能决策、云平台应用和智能可穿戴设备等方面。

(1) 智能决策。医疗卫生部门通过深度挖掘分析以前和现存的各类医疗数据信息，实现对一些传染病、流行病的有效监管与质控，对疾病的预先诊断治疗，以及对公共卫生健康的更科学合理决策等。

(2) 云平台应用。主要是打造云医疗健康信息平台、云医疗远程诊断、会诊和监控系统、云医疗教育系统等，以此提高医疗信息与资源的开放共享水平，实现医疗资源的更高效利用，从而降低医疗成本、提高医疗服务范围和水平，让更多民众享受到优质的医疗健康服务。

(3) 智能可穿戴设备。在移动互联网、云计算、大数据等新一代信息技术的推动下，智能可穿戴设备市场呈现出巨大的发展活力。例如，各种实时监测老人身体健康状况的可穿戴智能医疗设备不断涌现，不仅可以让家人随时随地了解老人的健康情况，在遇到突发问题时也能够快速进行救治。

◆ 智慧教育

云计算、大数据等新技术对教育服务的优化提升主要体现在两个方面：

(1) 教育云平台应用。利用云计算、大数据技术打造高度开放的教育资源库、新型图书馆、教学科研“云”环境、网络学习平台，推动区域教育资源共享、教育资源及时更新和线上协同办公，从而大幅提升教育服务水平。

(2) 物联网应用。以电子书包和校园一卡通为例。前者是通过物联网、云计算等技术，实现教科书、名师讲堂、考试测评等内容的电子化、数字化，让学生直接通过平板电脑等智能设备做作业和提交功课，老师通过相关系统实现统一批阅，并借助系统分析精准定位学生在学业方面的欠缺点，进行针对性、个性化的教育，从而既降低学生的学业负担，也减轻了老师的工作量。

校园一卡通也是利用物联网等信息化技术，将在校师生的身份识

别、门禁、考勤、内部消费、会议签到、公共机房上网、图书馆借还图书等整合到校园卡系统中，从而提高校园内部的服务效率，实现"一卡走遍校园"。

◎ 智能决策科学精准

在公共管理和决策方面，云计算、大数据等新技术的有机结合与创新应用提供了认识事物的新工具和新视角，有利于实现公共管理和决策的智能化、科学化、精准化。

◆ 智慧交通

交通问题已成为我国城市化发展过程中的一大痛点，而基于云计算、大数据等新一代互联网信息化技术的智慧交通模式则能够有效解决城市发展中的交通困境，充分满足民众的交通服务诉求。

通过分布在城市各处的传感设备以及人们主动上传、共享的各类交通数据，相关部门可以建立起城市交通的大数据库，并通过对这些数据信息的整合分析，实现智能决策、交通安全监管、应急指挥、信息实时查询等，从而大幅提高交通管理与服务水平。

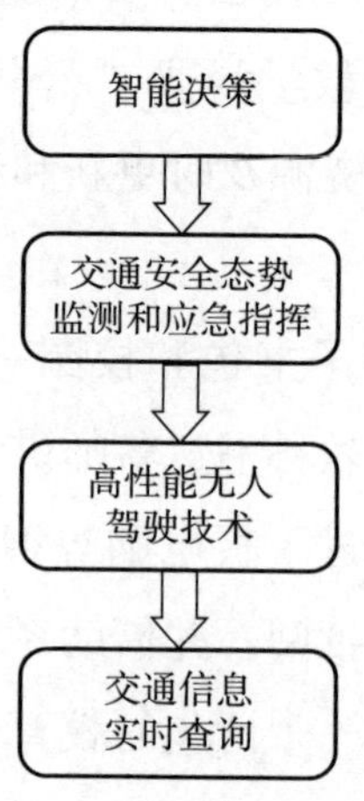

图 2-5　智慧交通的具体体现

（1）智能决策。利用大数据技术对海量交通数据进行整理分析，有效预测民众的出行态势、时间、路线、方式等，从而为城市车辆调度和交通规划提供科学依据，实现智能化、精准化决策。

（2）交通安全态势监测和应急指挥。依托大数据等先进的互联网信息化技术，相关部门可以建立公路网交通安全信息和监管平台，打造并不断完善公路网交通安全预警服务体系，从而实时全面监测公路网的交通安全态势，并在发生自然灾害、突发事件时做出及时反应和实施有效指挥。

（3）高性能无人驾驶技术。随着移动互联网、物联网、大数据、智能识别等技术的发展成熟，无人驾驶技术受到越来越多的关注。无人驾驶汽车可以自主识别行车环境，结合用户要求和智能交通网络系统自行设定最佳行进路线，并自动操控车辆行驶。

（4）交通信息实时查询。基于大数据和云计算搭建的智能集群调度平台，可以为民众提供实时交通信息。用户可以通过显示屏或智能手机查看即时交通信息，从而制定最佳的出行规划和路线，实现便捷出行。

◆ 智慧环保

长期以来，我国经济的迅猛发展在某种程度上是以牺牲环境为代价的。随着社会经济进入转型期，以往发展中积累的环境问题大规模爆发，并成为我国打造信息化、现代化、可持续经济发展模式的一大瓶颈；同时，水污染、大气污染等问题也越来越频繁地触动社会大众的敏感神经，从而给环保行业带来了更大的压力和挑战。

云计算、大数据等新一代信息技术的发展成熟和应用成本的不断降低，为传统环境服务模式的变革升级提供了有力支撑，这些新技术在环境服务领域的广泛和深度应用使智慧环保成为可能，主要表现为：

（1）智能决策。对地表水、地下水、空气、土壤等环境要素进行数据采集和分析，从而为各种环境质量评估、环境规划与管理等提供数

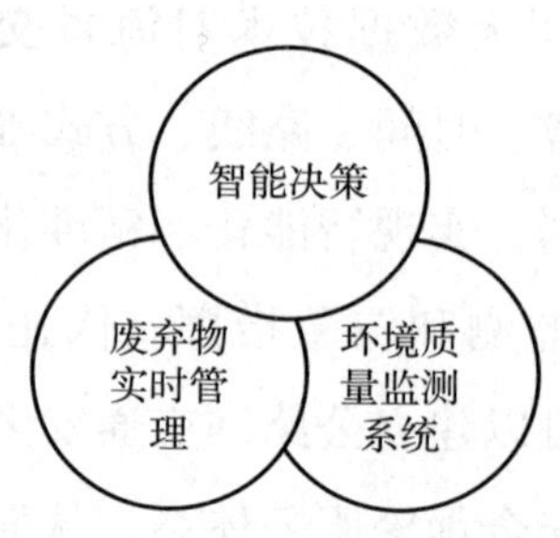

图2-6　智慧环保的具体体现

据依据，使相关部门的决策更为科学合理，并在出现突发环境事件时能够及时制定应急方案，做出有效应对。

（2）环境质量监测系统。利用大数据技术收集各项环境质量信息，然后传送到后台中心数据库进行大数据分析，根据结果建立环境质量预警机制并制定环境治理方案，最终实现对环境质量的实时检测和动态治理。

（3）废弃物实时管理。利用物联网等先进技术构建整体城市的生活垃圾运营系统，将垃圾收集转运、垃圾分类作业、电子废弃物及有毒有害废弃物处理、焚烧厂、填埋场及堆肥厂等诸多城市保洁工作优化整合起来，借助互联网信息化手段实现城市生活废弃物的科学、实时管理，并让广大居民参与到自己制造的废弃物管理之中。

◆ 智慧旅游

社会生活水平的全面提高，让人们对旅游有了更多和更新的需求，自驾游、房车旅游、在线旅游等全新的旅游需求和模式不断涌现，有力推动了旅游产业的转型升级。另一方面，物联网、云计算、大数据等新一代信息技术的发展成熟和深入应用，也为传统旅游业的变革突破提供了坚实支撑，主要体现在：

（1）云平台应用。旅游产业的火爆发展也催生了线上旅游服务平台、电子门票系统、游客助手等各类旅游应用的大量涌现。这些应用可

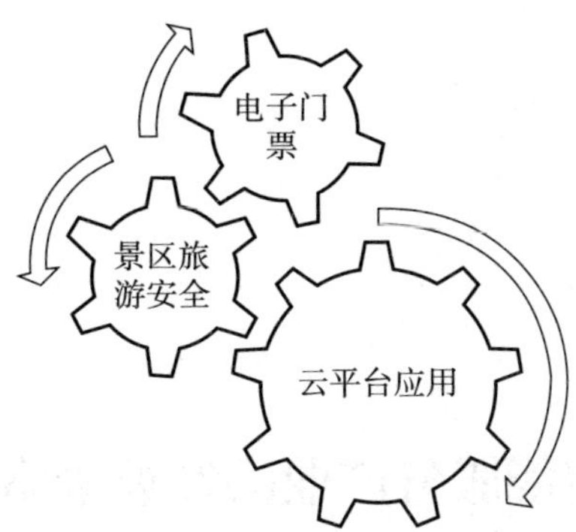

图 2－7 智慧旅游的具体体现

以帮助用户及时了解旅游资讯、在线预订门票、获取与目的地有关的众多旅游攻略、便捷购买喜欢的旅游产品等，使人们享受到更好的旅游服务和旅游体验。

（2）景区旅游安全。不论是对景区还是游客自身，旅游安全都是重中之重。通过综合利用物联网、互联网、大数据分析等多种先进技术，管理部门不仅可以将景区、景点、开放区域等纳入实时监控系统，及时发现和处理突发事件；还能通过对景区游客分布与流动状况的有效分析，在旅游委官方微博、旅游信息网或相关媒体平台向大众公布景区的实时情况，为人们合理选择旅游景区和路线提供参考，从而实现游客分流疏导，保证旅游安全和旅游体验。

（3）电子门票。即搭建数字化、信息化平台服务系统，让游客可以直接通过互联网或相关手机应用购买门票，购票成功后则将用于识别的二维码发送到游客手机，不必再换取纸质门票，从而免去了以往通过旅行社报团预订或在景区门口排队买票的麻烦，大大优化了人们的旅游购票体验。

2.4 我国培育智能服务产业的发展策略

◎ 技术培育机制的构建策略

对智能服务产业化的发展渠道进行探索，对智能服务产业发展的培育方式进行梳理，促进综合性、立体化培育体系的建立与完善，立足于市场、技术及政策角度为智能服务的发展提供支持，将使国内智能服务产业的发展更进一步。

智能服务产业是服务业未来的发展方向，如今，世界各国纷纷将智能服务产业的发展纳入自身整体发展规划，我国也要认识到智能服务产业的重要性，通过该领域的发展，推动整体经济转型，提高经济质量。

智能服务不同于传统服务业态，需依靠先进信息技术的支持，它能够对用户的显性需求与隐形需求进行智能化识别，无须用户提出要求，就能为其提供健康、安全的服务，快速满足其需求。网络基础设施的建设、企业的核心技术竞争力及创新能力、专业人才的配备、网络技术的抗风险能力、数据安全性等都能作用于智能服务的发展。

虽然在现阶段，国内智能服务产业呈上升趋势，但相较于西方发达国家，我国智能服务产业的整体发展还不够成熟，还应加大对网络基础设施建设的投入力度，解决工业互联网及物联网运营中存在的问题，建立统一的行业标准，提高整体发展的规范程度。

另外，智能服务产业在发展过程中会遇到如下阻力因素：缺乏市场显性需求的驱动，高端要素供给机制存在漏洞，没有成熟机制推动技术研发及后续发展。而且，智能服务产业本身需要强大的技术力量支持，其发展过程中会面临诸多危机，市场环境较为复杂，容易偏离原定的发展方向。

所以，相关部门需要着眼于市场、技术及政策各个方面，驱动智能服务产业的发展，通过完善市场、发展技术、出台相关政策，为智能服务产业化发展提供多重保障。

作为新兴产业形态，智能服务产业的战略地位日渐突出，为了促进智能服务产业的发展，必须注重其技术培育体系的建设。从总体上来说，智能服务技术体系包含众多环节，如信息的传递、不同环节之间的交流与合作，以及数字化建设等，所以要使智能服务在技术创新方面实现飞跃发展，需要克服诸多困难，并经过反复的沉淀与探索。从这个角度来说，进行智能服务产业化技术培训体系建设的过程中，不但要符合技术发展的普遍规律，还要根据产业发展的实际情况，抓住机会，进行适时突破。

在具体实施过程中，第一步，应该根据自身发展情况及能力水平制定技术培育目标，进行阶段划分，并出台相对应的技术培育措施；第二步，定位不同阶段的关键技术，找到不同阶段的着力点，掌握核心技术，并提高创新能力。智能服务技术培训一般包括如下三个阶段：

（1）第一个阶段，要积极学习国内外优秀的智能服务技术，将技术应用与自身发展需求相结合。在具体实施过程中，要突出技术借鉴及应用的示范作用，在积极引进第三方技术时，也不能忽视自身专业研发人才队伍的建设。与此同时，应该对吸纳进来的智能服务技术进行价值评估，为技术应用提供机制保障，确保技术引进与自身发展需求相符。

（2）第二个阶段，通过集成创新技术，进行自主创新。努力接近智能服务技术的最高水平，作为智能服务技术发展的先行者，可以将现

有的技术资源集中起来，逐渐拓宽技术创新的范围，经过一段时间的积累，形成智能服务技术创新的完整网络体系，通过集成创新技术，助力于智能服务产业化的发展，提高自主创新能力。

(3) 第三个阶段，要通过原始创新提高核心技术竞争力。在从事基础研究、技术分析的前提下才能形成原始创新能力。所以，要通过建设相应的激励机制，促使研究人员全身心地投入到原始创新工作中，加强不同地区之间科研机构的交流，建立专业的智能服务原始创新综合平台，从而加速该领域的发展进程。

◎ 市场培育机制的构建策略

为了推动智能服务产业的发展，应通过市场自身的调节作用进行资源配置。我国需在认清智能服务产业当前发展状态的基础上，把握智能服务产业市场的发展规律，准确定位智能服务产业所需的支持因素，对智能服务产品的原有价值组成方式进行调整，促使智能服务产业的供给与需求达到平衡状态，并为其提供机制保障，与此同时，还要提升产品的价值含量，对消费者的需求进行引导，进行深度市场开拓。在构建智能服务产业化发展的市场培育机制过程中，要聚焦于市场需求的挖掘以及要素供给市场的机制建设。

◆ 优化智能服务产业的要素供给机制

为了推动智能服务产业的发展，需要不断提高技术创新能力，为此，要为其提供足够的创新要素，并整合优势资源。在实施过程中应注重三个方面的建设：

(1) 打造智能服务专业人才培养体系

在把握市场需求的基础上，调动高等院校、科研机构及科技类企业的积极性，联合这些参与主体，打造智能服务专业人才培养体系，加强高等院校、科研机构及企业之间的联系，将产业发展、科技研发及人才培养结合起来，借助于项目的开展，建设智能服务专业的人才队伍，使其在具备丰富理论知识的同时，能够在实践中进行检验。

(2) 推动科技资源的转化，使其支持智能服务产业的发展

为了实现科技资源力量的整合，使其在智能服务产业的发展过程中发挥支撑作用，需要在具体项目开展中实现技术应用，并为其他项目的开展提供借鉴，打造智能服务产业技术服务平台，促进科技成果在产业中的实践。

(3) 建立并完善智能服务产业要素供给机制

针对智能服务产业的技术要素流动，搭建专业的信息服务平台，实现技术、人才等要素的供需对接，在智能产业要素供给中，发挥市场的主导及政策的辅助作用，丰富市场主体的形式，打通国内各个地区的要素供给市场，使智能服务要素能够根据需求在各个地区间流通，使资源供给能够与市场需求相符。

◆ 开拓智能服务产品的市场

目前，智能服务产品的市场需求仍十分有限，为了促进消费，应对人们的需求进行引导，可从三个方面入手：

(1) 打造智能服务产业孵化中心，推动技术应用与实践

打造智能服务产业孵化中心，能够促进高等院校、科研机构及企业之间的互动，推动新兴科技的应用与实践，降低产业发展面临的市场风险；另一方面，还能借助技术力量对现有产品进行改进，为产品的大范围推广、消费需求的驱动提供支撑。

(2) 搭建智能服务交易市场

在形成智能服务交易市场后，更多的新兴产品将涌现在市场上，促进技术的应用，并引导大众的需求。

(3) 扩大智能服务产品的推广与宣传，挖掘人们的潜在消费需求

拓宽智能服务新技术的应用途径，在技术研发成果推出之后，促使

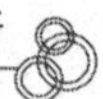

其在相关行业内进行落地，使智能服务产品能够在更多的领域内得到应用。扩大智能服务产品的推广与宣传，面向普通消费者，加强智能服务技术及产品的知识普及，在拓展其应用范围的同时，挖掘消费者对智能服务产品的内在需求。

◎ 政策支撑体系的构建策略

虽然国内智能服务产业在某些领域的发展起步较早，但其具体实施过程中存在许多不足之处，例如，信息网络相配套的基础设施定位模糊，农村地区与城市之间的技术及网络建设存在明显差距，业内尚未建立起统一的技术标准及规范，网络系统存在问题等，要解决上述问题，就要制定并完善相关的政策，可通过如下几个方面来实现：

（1）注重制度体系的建设，强化监督作用。充分发挥法律、政策及监督机构的作用，形成由政府部门、企业及社会主体共同参与的监督机制，提高网络体系的安全性，降低其风险。

（2）推动新一代互联网的建设与发展。逐步完善网络安全技术，进一步强化网络基础设施建设，发挥政府的引导作用，提高创新能力，根据市场需求进行针对性投入，加强政府与社会资本之间的联合，对不同参与主体的资金投入、利润获取比例进行合理调整，通过完善相应的机制建设，使政府与企业能够相互配合，为新一代互联网的建设开辟道路，逐步形成完整的产业链体系。

（3）为专业人才的培养提供政策保障。通过制定新政策，完善原有政策，推动智能服务产业专业人才的培育，提高优秀人才的创新能力，促使其发挥自身潜能，打造人才交流及信息服务平台，为人才资源的流动提供平台支持。

（4）制定金融保障政策。灵活采用融资模式，在调动风险投资参与的同时，发挥财政资金的支持作用，为智能服务产业的融资项目提供担保，促进项目的顺利开展。通过对机制的建设和完善，提高智能服务投资的安全性，为智能服务产业创办投资基金。

（5）完善智能服务的财税政策。为智能服务产业的技术开发及应用提供足够的资金支持，对相关的税收政策进行优化，依托政府部门的力量引进优势资源，发挥财政资金的引导作用，为智能服务产业的发展提供政策支持。

第3章

服务贸易：推动我国外贸转型升级

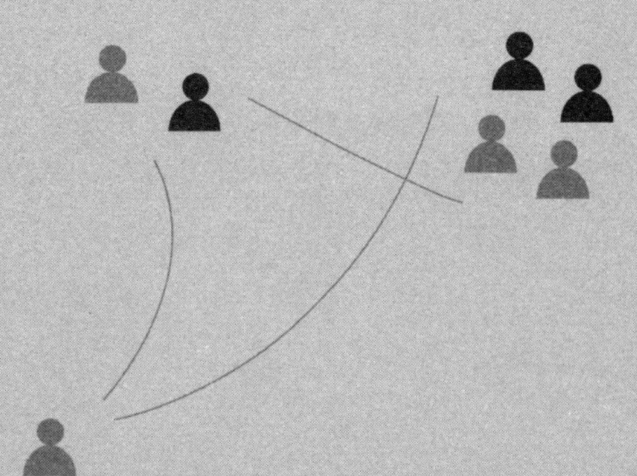

3.1 我国服务贸易发展的机遇与挑战

◎ 服务贸易：中国经济新增长点

2008 年国际金融危机爆发至今，全球市场陷入了低迷之态，国际贸易发展环境越发严峻，为了推动本国经济发展，各国都在积极寻找新的经济增长点。在这种情况下，集“三点”于一身的服务贸易备受关注，这里的“三点”指的是新的经济增长点、国际经济的竞争焦点、国际经济的合作热点。在当前乃至今后很长一段时间，服务贸易发展面临的市场环境都是机遇与挑战并存，为此，要想推动服务贸易快速发展，企业必须紧抓机遇，积极地应对挑战。

服务贸易是指服务的跨境交易。20 世纪 90 年代以来，随着互联网的迅猛发展，信息技术实现了广泛应用，经济全球化不断深化，服务的可贸易程度越来越高，服务的跨境贸易实现了快速发展。面对国内外经济环境的变化，我国对外贸易要想成功转型升级，就必须提升服务贸易的国际竞争力。同时，提升我国服务贸易的国际竞争力还有助于我国经济的发展方式实现转变，经济结构实现优化升级。

之所以说服务贸易是新的经济增长点，是国际经济竞争的焦点，是国际经济合作的热点，其原因主要有以下三点：

◆ 提升我国在国际分工中地位的必然要求

在货物贸易领域，我国是世界上第一大出口国，第二大进口国，但在国际分工中，我国所处位置较低，主要从事低附加值环节。随着经济的高速发展，我国人均可支配收入不断增多，对我国比较优势产生影响的基础因素逐渐改变，普通工人的工资不断上涨，劳动力成本不断增加，劳动密集型产品的国际竞争力逐渐下降。与此同时，我国劳动者接受教育的时间逐渐延长，劳动力素质有了大幅提升。

服务贸易的迅猛发展不仅能使我国的人力资源优势得以充分发挥，增加劳动者收入，让劳动者从事一些轻松且高薪的工作，还能使我国产业链的整体竞争力得到大幅提升，应对由于劳动力成本上涨导致我国制造业的国际竞争力不断下降的问题。另外，服务贸易的发展有利于我国制造业向"微笑曲线"两端延伸，能使我国在全球分工中的地位得以有效提升。在"微笑曲线"中，研发服务与专业服务属于高附加值环节，位于曲线两端。所以，服务贸易的发展能使我国参与国际分工的价值链条得以有效延伸，使我国在国际分工中的地位得以有效提升。

◆ 推动我国服务业实现更好发展

服务业与服务贸易相辅相成。一方面，开展服务贸易，企业能从国外引入新商业模式，培养国际化人才，使国内服务市场的竞争愈演愈烈，进而提升国内服务业的水平。另一方面，服务业对外开放能促使服务体制迅速变革，推动服务业实现更好地发展。另外，服务贸易的发展还能促使高端服务业实现迅猛发展。因为我国处于发展阶段，对发达国家的外部市场进行有效利用，能在高端服务业中形成规模经济，进而推动高端服务业迅猛发展。

◆ 转变发展方式

我国经济存在非常严重的不平衡、不可持续、不协调等问题，要想实现持续发展，就必须转变经济发展方式。发展服务贸易能产生四大益处：第一，能对产业结构进行优化调整，使服务业在经济中的比重得以有效提升；第二，能实现节能减排；第三，能促使国民经济的整体运行效率得以大幅提升；第四，能使地区间的收入差距大幅缩小。

由于存在区位劣势，中西部地区的货物贸易难以发展，但服务贸易不会受到区位条件的限制。例如，只要联网，服务外包中与外界的交易问题就能得以有效解决，工程承包、旅游出口等业务就能正常开展，不会受到区位条件的影响。从这方面来看，服务贸易的发展不仅能创造更多就业岗位，解决一些人的就业问题，还能缩小东、西部地区的收入差距，平衡东、西部地区的发展。

◎ 我国服务贸易结构的变化趋势

近年来，我国服务贸易结构发生了显著变化，取得了卓越的发展成果。但是服务贸易持续逆差，国际竞争力有待提升。

◆ 服务贸易规模持续壮大，全球排名不断提升

据2017年北京国际服务贸易交易会提供的数据，2016年，我国服务贸易总额高达6575亿美元，世界排名第二。而在2011年，我国服务贸易总额才为4209亿美元，世界排名第四。短短5年时间，我国的服务贸易总额增长了2000多亿美元，在全球排名提升了两位，足见我国服务贸易发展速度之快。

◆ 服务贸易结构快速变化

随着服务贸易的快速发展，服务贸易结构也发生了巨变。2011—2016年，在出口结构方面，旅游、运输、商业服务等传统的服务贸易依然占据主流，但其在全部出口服务中所占比重明显下降，建筑服务、计算机服务、咨询服务、保险服务所占比重均有所提升，其中建筑服务提升了5%，咨询服务提升了7%，计算机服务提升了3.4%，保险服务提升了1.1%。这种服务贸易结构变化是我国服务贸易比较优势变化的

体现。

建筑服务出口比重的提升表明我国建筑服务的国际竞争力有所提升，导致这种情况出现的原因在于：2010年，全球经济负增长，建筑服务出口大国的建筑服务出口显著下降，唯有中国的建筑服务出口实现了持续增长，且涨幅达到了56%。咨询服务与计算机服务出口比重大幅增长的主要原因是我国抓住了服务外包这一机遇。对服务外包来说，商业流程服务与信息技术服务是主要内容，而咨询服务与计算机服务正好与这两大内容相对。

与服务出口结构相比，服务进口结构没有发生太大的变化。在服务进口结构中，只有三类服务所占比重有所上升，分别是旅游服务上升了6.4%，广告、宣传服务上升了0.2%，电影、影响服务上升了0.1%，其他各类服务所占比重均有所下降。

◆ 服务贸易的国际竞争力总体较低

我国服务贸易持续逆差，且逆差持续增长。2006年，我国服务贸易逆差为88亿美元；2011年，我国服务贸易逆差增长到553亿美元；2016年，我国服务贸易逆差达到2601亿美元，这一情况说明我国服务贸易的竞争力总体较低。

对我国的服务贸易进行详细解读可以发现，虽然在2011年到2016年的5年间，受我国人力资源改善，国家服务外包业务开展的影响，我国金融服务、计算机服务、建筑服务、信息服务、咨询服务等服务贸易项目的国际竞争力不断提升，但广告宣传服务、旅游服务、电影音像服务的竞争力却在不断下降。

需要注意的是，在2006年之前，我国旅游服务的竞争力指数是正值，而在2006—2011年，我国旅游服务的竞争力指数变成了负值，旅游服务从顺差变成了逆差，且其逆差额在我国当年服务贸易逆差总额中的占比达到了50%，是我国服务贸易逆差的主要来源。旅游进口猛增的主要原因在于我国公民出境游迅猛增长。但同时，我国公民在国外大肆消费购物也反映出我国商业流通领域存在一些问题，如过度保护、价格虚高等。

虽然与发达国家相比，我国的服务贸易体系还有待完善，但我国服务贸易出口拥有很大的潜力与优势这一点毋庸置疑。

一方面，我国服务出口拥有巨大的潜力。2015年，我国服务贸易额在对外贸易总额中的占比为15.3%，服务出口在总出口中所占比重为11.2%，相较于2014年均有所提升。但从全球市场来看，2014年我国服务出口额在全球市场上的占比仅为4.9%，相较于货物出口在全球市场中所占份额还很低，说明我国服务出口的市场发展空间还很大。

另一方面，我国服务贸易出口的发展具有很多独特的优势。

（1）我国人力资源非常丰富。现阶段，我国每年有近700万高学历（本科及以上学历）毕业生毕业，在发展中国家，这些毕业生平均受教育年限处于前列，为知识密集型服务贸易的发展提供了强大的人力支撑。

（2）我国货物贸易的增长带动服务贸易需求增长。

（3）在发展服务外包业务方面，我国拥有很多优势，如人力资源质量与成本优势、配套服务优势、基础设施优势、海外渠道优势等。受这些原因的影响，虽然我国的服务外包起步较晚，却实现了快速发展。

（4）我国是一个经济大国，经济发展前景持续向好，吸引了很多外国公司前来投资、合作。随着这些商业活动的发展，来华商务旅游的人数显著增多。

（5）我国企业实施“走出去”战略，在该战略的支持下，我国企业可以有效地扩大服务出口。

◎ 我国服务贸易发展面临的机遇

现阶段，我国服务贸易发展面临着一系列机遇，如国际服务外包迅

猛发展，新兴经济体基础设施广泛建设，信息技术革命推动计算机服务快速发展，货物贸易、对外投资快速发展带动相关服务迅速发展，等等。面对这些机遇，我国企业必须牢牢抓住，制定科学的发展战略，通过扩大开放、深化改革增强企业的竞争力，推动服务出口结构不断升级，促使服务贸易实现快速发展。

（1）推动与货物贸易有关的服务出口大力发展

我国是货物贸易大国，具备足够的条件发展与货物贸易有关的服务贸易。货物贸易的迅猛发展使物流、金融、电信、保险等服务的需求不断扩大。从目前的情况来看，在我国各种服务进口项目中，国际运输占比最大，我国的国际运输项目逆差非常大，保险服务也存在较大的逆差。未来，我国企业要增强运输、保险等领域的国际竞争力，让货物贸易发展带来的市场机遇得以充分发挥。

（2）大力发展国际工程承包

现如今，为了满足工业化、城市化发展需求，新兴经济体正在大力建设基础设施。同时，欧美等发达国家提出了“再工业化”战略，为了推行这个战略，欧美国家将对那些破旧的基础设施进行全方位改建。在基础设施建设方面，我国企业的国际竞争力较强，在设计、施工、管理等方面拥有丰富的人才与经验，还有一些企业在国际工程市场上有着较高的知名度与影响力，为我国企业紧抓基础设施建设大潮发展服务贸易提供了有力支持。

（3）大力发展服务外包

随着互联网技术的深化应用及新一代信息技术的出现、发展，服务分工将进一步细化，服务外包将持续发展。即便是在经济低迷的2011年，全球服务外包市场规模也实现了增长，较2010年增长了13%，市场规模达到了1100亿美元。我国拥有丰富的人力资源与完善的基础设施，再加上一些龙头企业相继崛起，未来，我国能在国际外包市场上占据更大的市场份额。

(4) 大力发展文化创意产业出口

我国服务出口结构要优化，“软实力”要增强，就必须大力发展文化创意产业出口。在发展文化创意产业出口方面，我国具备很多优势，如文化传统深厚、人力资源丰富、国内市场实现了迅猛扩张等。为了进一步扩大文化创意产品的出口，我国企业必须加强与国外企业的合作，面向国际市场，共同开发文化创意产品。

(5) 大力发展商务旅游

企业要有针对性地对国际商务旅游需求进行研究，对商务旅游环境进行持续改善，创建一系列品牌，通过商务旅游带动家庭旅游，使商务旅游的附加值得以大幅提升。

同时，要发展服务贸易，政府还要出台相应的政策措施。

首先，要提升服务业的国际竞争力。政府要推动服务市场进一步开放，推动服务领域尽快实现变革，增强服务市场的竞争力，使服务业的国际竞争力得以持续提升。

其次，构建服务出口基地。企业要以不同类型服务的特点为依据构建服务出口基地，形成相关的产业集群。现阶段，我国服务外包基地城市建设成效已经显现了出来，政府要及时总结经验，解决现存问题，使服务外包基地的市场竞争力得以持续提升。另外，政府还要积极构建国际金融中心、国际旅游中心，创建国际会议中心城市、国际健康服务中心城市等，完善基础设施建设，构建品牌，形成产业集群。

最后，政府要积极培育国际竞争力较高的龙头服务企业。一方面，政府要积极吸引国外知名企业前来投资，带动服务出口；另一方面，政府要积极培育龙头服务企业，创建国际服务品牌。同时，政府还要做好知识产权、信息产权的保护工作；大力培养人才，提升人力资源的质量；打造服务贸易促进平台，构建能推动服务贸易发展的贸易促进机制。

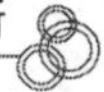

◎ 我国服务贸易发展面临的问题

世界贸易组织（WTO）发布的统计结果显示，经济危机以来全球贸易增长缓慢，2015 年全球贸易量的增幅为 2.8%，我国的货物贸易总额达 39570 亿美元，在全球范围内居于榜首。根据商务部的统计，我国 2015 年服务贸易总额达 7130 亿美元，比 2014 年增长了 14.6%，服务出口额达 2881.9 亿美元，同比增长超过 9%。这说明我国的对外贸易总量正在迅速增加。2015 年世界贸易报告显示，全球商业服务贸易出口总额达 47540 亿美元，服务贸易占世界贸易的比例提高到 22.2%。经过分析能够看出，全球商业服务贸易比货物贸易的增长更迅速。要认清目前我国服务贸易的发展形势，发现其不足之处，制定问题解决方案，进而提升整体效益。

现阶段，我国服务贸易的发展呈现出如下四方面的特征：

（1）服务贸易的规模逐步壮大；

（2）服务贸易进口总值超过出口总值，且逆差不断扩大；

（3）高附加值服务出口加快；

（4）传统服务项目在总体服务贸易中发挥主导作用。

传统服务项目是我国服务贸易出口的重要组成部分，尽管传统项目在总体服务贸易中的比重有所降低，但其主导地位不会动摇。在所有服务项目中，旅游、运输服务与建筑服务对劳动力的需求量较大，是我国三大传统服务项目，数据统计显示，在 2015 年我国的服务贸易总额中，三大传统项目的比重达 51.9%，在我国服务贸易出口额中，三大传统项目的比重达 53.2%。在 2016 年 1—6 月我国服务贸易总额中，71.9% 是由旅游、运输服务与建筑服务完成的，这足以说明传统服务项目的重要性。不过，我国自加入世贸组织以来，也开始大力发展现代服务，如计算机和信息服务、广告推广、咨询服务等，这些服务项目在我国服务贸易中与传统服务并存。

出口地区比较集中、贸易结构不完善、服务贸易有待发展、存在人才短板，是当前我国服务贸易亟须解决的三个问题。

◆ 出口地区比较集中

多元化格局是我国服务贸易的一个显著特点。在出口地区方面，我国的服务贸易主要集中于中国香港、美国、欧盟及东盟地区。数据统计显示，2008 年我国与上述国家和地区的服务贸易总额达 2082.5 亿美元，在我国总体服务贸易中占 68.4%，到 2012 年，我国与这几个服务贸易伙伴的贸易总额增加到 3100 亿美元，占比达 66.67%。根据商务部的数据统计结果，到 2015 年，我国服务贸易出口目的地排名前两位的是中国香港地区、美国，进口来源地排名前两位的则为美国、中国香港地区，美国是我国服务贸易逆差最大来源地，根据商务部的数据，2006—2016 年，中美服务贸易逆差提高了 33.7 倍，2017 年 1—5 月，中美贸易逆差为 230 亿美元。

◆ 贸易结构不完善

我国的服务贸易结构不完善，相关部门需要对其组成方式进行调整。旅游是我国服务贸易中逆差最大的项目，根据国家外汇管理局的数据统计，2016 年 2 月旅游服务的逆差达 1015 亿元，同年 3 月已增加到 1243 亿元。除此之外，运输服务、保险服务等项目的逆差值也都比较高。相比于现代服务贸易项目，传统服务贸易项目的逆差更高。针对这个问题，要优化当前我国的服务贸易组成方式，大力促进技术密集型服务项目的发展，促进高附加值服务贸易项目的出口，逐步完善我国服务贸易的整体结构。

◆ 存在人才短板

虽然我国的服务贸易处于发展时期，但从整体角度来分析，我国服务贸易的综合竞争实力仍然比较薄弱。在人才配备方面，我国不乏基础性服务行业的劳动力资源，但很多中高端服务贸易企业都面临人才短缺

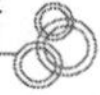

问题。现阶段，相关部门正致力于实现贸易结构的优化，现代服务领域也在积极引进先进技术，朝智能化方向转型。但相比发达国家，我国的新兴服务贸易行业存在严重的人才短板，阻碍了整个服务贸易的发展，也不利于我国服务贸易整体竞争实力的提升。

◎ 我国服务贸易的发展现状及对策

针对我国服务贸易存在的问题，要提高服务贸易的发展速度，促进现代服务业的发展，对服务贸易结构进行调整，建设专业服务贸易人才队伍。

◆ 提高服务贸易的发展速度

相比货物贸易，我国的服务贸易还有待发展。相关部门需充分认识到服务贸易的重要性，在原有基础上扩大规模，并提高服务贸易的发展速度。从全球范围来分析，近些年服务贸易始终保持着较高的经济增长速度，通过调整服务贸易的组成方式，实现服务贸易的快速发展，找到服务贸易与货物贸易之间的平衡点，能够进一步突显我国对外贸易的竞争优势。为此，要深入贯彻改革开放政策，吸引外资力量，建立规模化服务产业，积极引进海外的先进技术，为我国服务业的发展提供多方面的支撑，还要积极拓展服务贸易的海外市场，灵活采用各类措施促进我国服务贸易的发展。

◆ 促进现代服务业的发展

充分认识到现代服务业的价值所在，采取有效措施推动现代服务业的发展。现代服务业在服务贸易的发展过程中起到重要的支撑作用，促进现代服务业的发展，能够为服务贸易的发展奠定坚实基础。生产性服务业是现代服务业的关键组成，此类高附加值业务的发展离不开先进技术的支持，为此，相关部门应该采用电商或其他模式实现传统服务贸易行业的升级。另外，还要扩大服务范围，在电子信息与软件服务、动漫服务等领域展开布局，加大在技术研发方面的投资力度，利用先进技术提高整体发展的智能化水平。

◆ 对服务贸易结构进行调整

对以运输服务、商业服务为代表的传统服务行业，要通过先进技术工具的应用，提高其价值含量，进而实现传统服务贸易结构的优化。加大对旅游服务行业的投资，以外包方式与海外企业达成合作关系，增加出口规模。为新型服务业的发展提供资金与技术支持，利用当地的优势资源，带动IT信息技术、金融服务业的发展，通过升级服务贸易结构，促进相关产业的发展，为创业者带来更多的机遇。

◆ 建设专业服务贸易人才队伍

总体上而言，我国服务贸易已初具规模基础，但仍需进一步提高国际竞争力，为此，要注重对专业人才的培养，为服务贸易的发展提供人力资源支撑。在人才培养过程中，要擅于发现在IT、金融领域具有潜力的人才，开展针对性课程培训，同时，要提高国际贸易服务人才的多方面能力，包括英语能力与专业技能，与国内外权威服务贸易人才进行合作，聘请其担任公司的专业讲师，帮助从业者快速提高专业技能。

另外，在人才方面提高对外开放程度，邀请国外优秀服务贸易人才加入，为其营造良好的工作环境，同时要为海外留学服务人才提供施展能力的平台，鼓励他们为国家发展做贡献。除此之外，还要吸取国外服务贸易人才的优秀经验，创办专业培训部门，使更多优秀人才能够接受正规培训，在具体实施过程中，要依据其具体能力及工作性质、特点等，开展针对性的培训，建设专业服务贸易人才队伍，完善相关制度保障，推行科学合理的激励办法，促使优秀人才以更加积极的心态投入我国的服务贸易工作中。

3.2 "一带一路"下的自贸区战略布局

◎ 从上海到内陆的战略发展进程

通过自贸区模式持续推进改革开放进程，是我国探索出的一条具有中国特色的发展之路。以辽宁、浙江、陕西、四川为代表的第三批自贸区在继续承担探索创新任务的同时，在发展目标与实验主题等方面又实现了差异化。这既是国内经济长期面临较大下行压力背景下的必然选择，也为更好地实现各区域的协调配合，灵活高效地应对外部竞争，有效提升我国的综合国力奠定了坚实基础。

自20世纪90年代开发开放浦东至今，浦东在我国经济发展过程中发挥了很好的示范作用，是上海这个全球性经济大都市现代化建设的缩影，也是中国改革开放的"实验田"。2013年8月，上海又成为国内首个自贸区，之所以做出这种选择，是多种因素综合作用的结果。

我国的改革开放已经进入攻坚期和深水区，上海作为改革开放的前沿阵地已经积累了丰富的经验，将上海作为首个自贸区对控制风险极为有利。与此同时，我国需要进一步深化金融改革，而上海作为我国的金融中心，对加快人民币国际化进程，更好地推进我国参与国际竞争具有十分重要的价值。

更为关键的是，发展现代服务业，进入价值链高端环节是我国开放的新目标，而上海作为我国现代化水平领先的城市之一，其服务业发展速度与质量具有明显优势，能够为我国现代服务业发展提供强有力的支撑。

和上海一样，作为第二批自贸区的广东、福建、天津均是沿海城市，在地理位置上具有明显领先优势。多年的发展经验已经成功证明了将东部沿海城市作为改革开放前沿阵地的必要性与巨大价值，将有效促进我国整合更多的海外优质资源，实现我国经济与世界经济的深度融合。

除了沿海的辽宁、浙江，第三批自贸区还扩展到了河南、湖北、重庆、四川、陕西五大内陆地区，这体现了我国改革开放进程的进一步深化。经过三年的摸索与实践，对自贸区的功能定位、经济发展、监管政策等有了全面认识，已经初步具备了在全国范围内推广的条件，尤其在“一带一路”战略的持续推进下，内陆地区尤其是部分中西部城市被作为对外开放的重要窗口，在内陆地区增设自贸区就显得尤为关键。

◎ 沿海地区自贸区发展的新内涵

改革开放后，上海、广州、浙江等沿海地区借助国际产业转移所带来的重大发展机遇，实现了快速发展，使我国真正融入全球产业链之中。由于我国企业在全球价值链中主要位于劳动密集型的加工制造等低端环节，使中西部地区得以通过输送劳动力的方式享受到了改革开放的红利。

而随着我国综合国力的不断提升，对经济发展已经不再简单地要求速度与规模，而需要从产业链低端环节转移到高附加值、较高技术含量的中高端环节，从而对沿海自贸区的发展战略提出了新的要求。

在大数据、云计算、移动互联网等新一代信息技术掀起的产业革命中，以百度、阿里、华为为代表的中国企业通过不断地进行产品、技术、模式创新，在国际市场拥有了强大的品牌影响力，具备与国际市场中的三星、谷歌、亚马逊等海外巨头正面交锋的实力。在这种背景下，

沿海自贸区需要充分发挥自身的带动作用，抓住时代发展机遇，进一步缩短我国与发达国家的差距，实现中华民族伟大复兴的中国梦。这在沿海自贸区的发展战略中得到了充分体现。

上海充分发挥自身在金融、航运、科技、国际贸易等方面的优势，在改革开放中积极探索创新，将自身打造成为更高能级的国际化大都市，从而为我国经济的持续、稳定发展保驾护航。天津是我国重要的港口城市，天津港则是中国北方最大的综合性港口和重要的对外贸易口岸，建设并发展自贸区将有效促进京津冀城市群与环渤海经济圈的协同发展。

广东是我国对外开放的重要窗口，是"21 世纪海上丝绸之路"的重要起点，为内陆地区提供了海量的优质海外资源，建立广东自贸区将进一步发挥其连接作用，促进国内企业更好地参与国际竞争。福建自贸区对加强海峡两岸的经贸合作，拓展我国与"21 世纪海上丝绸之路"沿线国家及地区的合作广度与深度，发挥着不可取代的关键作用。

◎ 内陆地区全面发展战略与布局

内陆自贸区的成立对我国进一步深入改革开放，促进区域经济协调发展具有十分积极的影响。辽宁是我国东北老工业基地的典型代表，随着我国经济转型升级，亟须对其产业结构、市场体制机制进行优化调整，而建立自贸区将为解决这一问题提供有效途径，助力东北老工业基地的整体发展与对外开放水平得到大幅度提升。

在改革开放的浪潮中，浙江的表现尤为抢眼，尤其是以跨境电商业务为代表的民营经济爆发出了惊人能量。打造舟山自由贸易区是浙江自贸区发展的关键所在，它将有效促进我国大宗商品贸易自由化，进一步提升我国在大宗商品贸易中的话语权。

河南省是我国承东启西、连南贯北的重要交通枢纽，未来将打造集铁路、公路、水运、航空、管道等多种交通方式于一体的现代立体交通体系，而建设自贸区将充分发挥其交通优势，推动我国现代化物流体系的发展与完善，为我国经济发展增添新动能。

湖北省是我国长江经济带建设与推进中部崛起战略的核心地带，在我国沿海地区产业转移，建立高科技产业集群及产业园中扮演着十分关键的角色，而建立自贸区无疑将为更好地达成这一目标奠定坚实的基础。

较高的经济发展速度与质量，使重庆市在推进我国西部经济发展过程中的价值得到进一步提升。重庆市是推进我国西部发展战略落地的重要一环，建立自贸区将有效提升其对外开放深度，对内陆地区对外开放产生很好的示范作用。

四川省是协调我国东部沿海地区和中西部内陆地区经济发展水平与开放力度的重要枢纽，建立自贸区将围绕四川打造我国内陆地区对外开放战略支撑带，有效促进成都等西部地区门户城市的开放程度，为我国经济协调健康发展提供强有力的支撑。

“一带一路”战略的持续推进，对促进相对落后的中西部地区经济发展有十分积极的影响，而陕西的地理位置决定了其在“一带一路”战略落地过程中必将爆发出惊人的能量，陕西省政府也出台了“建设丝绸之路经济带新起点”等政策，积极融入“一带一路”大格局中。毋庸置疑的是，建立自贸区，将进一步释放陕西在“一带一路”战略落地过程中的强大势能，为中西部地区经济发展注入源源不断的活力与发展动力。

3.3 我国中小外贸服务企业的经营策略

◎ 中小外贸服务企业的发展现状

随着电子商务，尤其是跨境电子商务的迅猛发展，国际市场价格越来越透明，跨境消费比例不断增加。在这种市场环境下，传统的国际贸易模式被打破，中国产品以各种各样的方式销售给国外消费者。在这种情况下，中小外贸服务企业要想实现持续发展，就必须从项目经营方面切入，与 CEM 联合出口管理模式相结合，向国外消费者提供更多的创新服务，使国际市场空间实现进一步拓展。

党的十八大报告指出，"要大力发展现代服务业，以完善互利共赢、多元平衡、安全高效的开放型经济体系"。在这种政策环境下，中小外贸服务企业必须创新经营思路与经营方式，以实现更好地发展。

◆ 服务贸易的发展空间待拓展

近年来，货物贸易的增长速度越来越慢，服务贸易成了新的贸易增长点，国际竞争与合作全都围绕服务贸易展开。据商务部统计，2016年，我国服务贸易总额首次突破 5 亿大关，达到 5.35 万亿元，稳居世界第二。在外贸构成中，服务贸易占比高达 18%，同比增长了 2%。由此可见，我国服务贸易的发展空间巨大，有待拓展。

◆ 政府大力支持中小企业创新

对于我国的中小企业来说，2012 年可谓之“服务年”。在此之前，针对推动中小企业尤其是小微企业发展，国务院颁发了一系列政策，为了落实这些政策，各地政府倾注全力对中小企业进行扶持，努力推动其走上创新发展之路。

例如，山西省为了鼓励中小企业进行技术创新投入了 3500 万元财政资金；陕西省打造了中小企业智慧云平台，对各种优势资源进行收集、整合，创新了中小企业服务形态，为其提供信息化服务；云南省创建了科技型中小企业服务中心，为科技型中小企业提供科技服务；重庆市于 2013 年通过减免税收、担保贷款等方式对市内信息化建设较好的中小企业提供支持，并在中小企业信息化建设方面投入了 3000 万 ~ 5000 万元资金。

◆ 传统外贸服务企业经营模式单一

国际商品价格竞争愈演愈烈，生产成本透明度越来越高，仅凭赚取差价传统外贸公司难以维持生存与发展。传统服务型外贸公司的主要工作就是为国内供应商提供与外贸流程有关的专业化服务，如报关、质检、出口退税、国际物流等。传统外贸服务企业的经营模式主要是代理人模式，企业在国内厂商与国外客户之间担当中间代理人，为双方提供服务，促使交易达成。随着达成的交易越来越多，代理人模式就成了传统外贸服务企业最主要的经营模式。但是，这种经营模式比较单一，无法对市场形成高度控制，在未来的发展中无法满足外贸服务企业的发展需要。

◆ 传统外贸服务企业市场空间越来越小

近年来，现代信息技术迅猛发展，外贸服务领域也引入了互联网在线服务平台，如“春宇快贸通 2.0 平台”，该平台是一个一站式进出口外包在线服务平台，主要为中小企业的外贸业务研发提供在线服务，可

以对进出口贸易进行全程在线操控和实时追踪，根据客户服务体验进行收费。除此之外，还有一个国内一流的进出口服务一站式代理平台——一达通，主要为中小企业提供通关、金融、物流、法律、保险等各种与进出口有关的服务。

这些互联网服务平台的出现与应用，为更多中小企业参与外贸活动提供了可能，借助这些互联网一站式服务平台，生产企业的外贸出口活动摆脱了对传统外贸代理企业的依赖，导致传统外贸服务企业的功能逐渐减弱，市场空间不断缩小。

◎ 整合项目经营模式的创新策略

整合项目经营是指中小外贸服务企业从项目经营方面着手寻求突破，与CEG联合出口管理模式相结合，创新服务项目，带给境外消费者全新的体验，进而使国际市场空间得以有效拓展。CEM是Combination Export Managers的简称，联合出口管理是指在一家或多家企业对货物进行采购、整合，满足现有的订单需求，或将其出口到国外，满足国外市场需求。在我国，这种经营模式已经形成了一种集商务、咨询、旅游、物流等多种服务贸易于一体的经营模式。

如果能实现进一步发展，这种模式就能与项目经营理念相结合，形成一种整合项目经营的模式。项目经营是指为了实现经营目标，一家或几家公司以直接或间接的方式通过项目完成交易的一部分。项目可以是一件事，一项独特的任务，在一定时间和预算内要达到的预期目标。项目经营在国际化经营中比较适用，国际商务领域很多主流的学术资料都将项目经营视为一种出口模式，或者是企业经过一段时间的发展，获得主流知识与经验之后从代理出口发展为多模式出口，或者是一种"打了就跑"的经营方式。

关于项目导向策略在企业中的应用，国内学者也做过相关方面的研究，如以项目为导向的企业创新战略规划方法研究。但是目前与整合项目经营策略在中小外贸服务企业中应用有关的研究非常少。整合项目经营就是将项目经营与 CEM 联合出口管理模式相结合，以此为切入点对中小外贸服务企业的经营模式进行创新。

要想推动现代服务业快速发展，中小外贸服务企业就必须大胆地对经营模式、经营思路进行创新，拓展客户群体，从只关注大宗商品交易的企业客户转向关注国外众多的最终消费者，对其实际需求进行充分考虑，对外贸服务进行创新，使国外最终消费者的多样化需求得到充分满足。中小外贸服务企业在运营过程中引入整合项目经营模式，能够开拓新的市场空间，与现阶段的国际市场需求相契合。

在引入整合项目经营之后，中小外贸服务企业的经营业务也能实现有效拓展，慢慢打破仅提供与外贸流程有关的专业服务的局限。在供应市场不断规模化，国外市场需求持续扩大的环境下，中小外贸服务企业在对行业产品有了充分了解之后，可以朝专业的项目采购服务机构方向转型，将产品的最终用户视为目标客户，根据其需求有针对性地为其制定高性价比的采购方案。

在对中小外贸服务企业的客户进行分析之后可发现，外贸服务企业的客户可以划分为三种类型：第一类是国内供应商，主要为其提供出口流程的代理服务；第二类是国外企业客户，主要为其提供外贸采购代理服务；第三类是国外散客，中小外贸服务企业不仅要为其提供流程服务，还要为其提供采购服务。在这三类客户中，前两类客户是传统外贸服务企业的主要目标客户。未来，随着外贸服务的类型越来越多，第三类客户所占比例会不断升高。

◎ 整合项目经营模型的构建法则

广州圣希纳贸易有限公司是一家中小外贸服务企业，以珠三角成熟、完善的产业链和外贸市场环境为依托，为国外散客提供包括咨询、外贸采购、商务考察、转账支付、报关报检、国际物流等在内的外贸服

务。该公司采用CEM联合出口管理模式，对国外客户的采购需求进行整合，与珠三角地区的供应商联合开展出口贸易，将地区优势充分发挥了出来。

同时，对该公司的客户进行分析可以发现，在该公司的所有客户中，产品的最终使用者占55%，商业客户占45%。其中，产品的最终使用者采购的就是自己需要的产品，而商业客户采购完产品之后会对其进行再次售卖，这类客户是传统外贸公司的主要客户。

根据该公司发布的数据，在各类采购产品中最受欢迎的是家居用品与灯饰，在产品最终使用者客户群中，家庭占20%，酒店客户占49%，医院客户占15%，学校占11%，商场、办公场所等机构占5%。

对广州圣希纳贸易有限公司的国外客户进行调查发现，他们对圣希纳提供的服务感到满意的原因有四点：

（1）圣希纳为其提供的产品种类丰富，产品的性价比高，国外客户希望能直接购买中国产品。另外，圣希纳向客户公开产品信息，信息的透明度非常高，遍布整个市场，为其提供了广阔的选择空间。

（2）圣希纳对中国的供应市场非常了解，能为国外客户提供最优惠的产品信息，且这些信息非常及时、准确。客户不仅能从圣希纳公司获得多样化的选择，还能获得专业的采购方案。

（3）圣希纳可以为外国客户提供项目化的配套服务，为客户定制项目采购方案，带给国外客户既专业又个性的采购体验。圣希纳公司为客户提供的服务与其他外贸公司所提供服务的差异就是项目经营的理念，是经营理念创新的核心。

（4）圣希纳整合项目经营采用的盈利模式是佣金模式，使客户的中间交易成本大幅缩减，对产品装运出口进行整合，使运费得以有效控制，客户的国际采购成本显著下降。

通过分析发现，广州圣希纳贸易有限公司利用自身熟悉国内市场信息与外贸出口流程的优势，采用CEM联合出口管理模式，从项目经营领域着手，向国外散客提供集外贸咨询、产品采购、产品出口于一体的专业服务，备受广大客户的喜爱。

借鉴圣希纳的经营模式，中小外贸服务企业整合项目经营要经历四个步骤：

★ 将产品的最终使用者认定为产品的目标顾客，以家具产品为例，该产品的使用者有酒店、医院、学校、家庭、办公场所等，这些使用者发现自己国家商场中的很多产品都来自中国，如果产品的采购量达到一定规模，他们就会希望能直接从中国供应商手中采购，以降低采购成本。

★ 根据顾客的实际情况为其定制采购项目方案。如圣希纳公司的客户多是酒店客户，酒店装修往往需要很多配套的家具，如床、电视柜、灯、浴室配件等，这些产品往往需要从不同的供应商处采购。于是，圣希纳就为客户量身定制了采购方案，并帮客户在广州地区的市场中找到了合适的供应商。

★ 实施外贸采购项目，在明确了客户的采购要求之后对客户需要的产品进行询盘、报价、比价、考察市场、向国内的代理商订货。

★ 配套外贸服务项目，该项目是传统外贸代理的常规服务项目，涉及商务接待、咨询、报关、制单、报检、装货、结付款等多项业务，直至客户能获取高性价比的产品。

整合项目经营模式是 CEM 联合出口管理模式的衍生品，是国际贸易与市场经济发展的必然结果。通过对这种模式进行探究，能为中小外贸企业创新经营思路与经营模式提供有效的理论支持，推动我国的外贸业务健康发展。至于该模式为中小外贸服务企业带来的利弊，该模式应用会出现的问题，应对问题应采取的措施，整合项目经营的发展前景等问题，企业需进行深入探究。

第4章

十三五：推进服务业主导的经济转型

4.1 “十三五”战略下的中国经济转型

◎ 新形势下的中国经济转型升级

“十三五”时期是我国经济转型升级、全面深化改革、跨越“中等收入陷阱”的关键节点。在内外发展环境愈加复杂的背景下，我国经济发展表现了鲜明的特点——增长、转型、改革高度融合。为此，在“十三五”中期，化解短期经济矛盾，构建长期可持续发展的新格局是经济转型发展的主要任务。

总体来看，在“十三五”期间，要想推动我国经济转型升级，关键是要推进服务业主导的经济转型，构建经济新格局。要想达到这一目的，首先要明确服务业主导的经济转型的目标，积极落实相关的改革策略，加快转型与改革进程。

按照经济增长的一般规律，随着经济发展水平的不断提升，在各种经济增长的拉动力中，服务业将成为新的拉动力。对于一个经济体来说，低附加值的传统工业被附加值较高的现代服务业取代，既是其从工业化中后期迈进工业化后期的客观趋势，也是其成功跨越“中等收入陷阱”进入高收入国家行列的必经之路。

2015—2020 年是我国经济脱离工业化中后期迈进工业化后期的关键时期，在这个时期，我国能否紧抓经济转型升级的机遇，从工业大国转型成为服务业大国，既与短期的经济增长相关，又对经济中长期的可

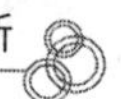

持续发展有深远影响。

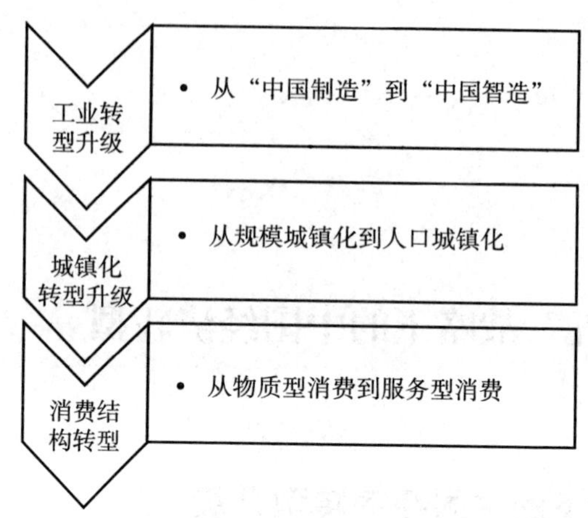

图 4－1　新形势下的中国经济转型升级

◆ 工业转型升级：从"中国制造"到"中国智造"

"中国智造"是我国工业转型升级的总目标。随着经济发展进入新阶段，如果我国一直定位于"世界工厂"，从事一般性的加工制造工作，即便经济总量再大，也只能成为一个经济大国。经济大国与经济强国是两个完全不同的概念。为了成为经济强国，我国必须在"十三五"期间紧抓经济转型升级的机遇，积极推行"以创新驱动发展"的战略，推动工业实现转型升级。

从现实情况来看，在"十三五"期间，推动我国工业实现转型升级的最大阻力就是现代服务业占比太低；在现代服务业中，生产性服务业的占比太低，受这两大因素的制约，我国工业难以实现转型升级。

在发达国家，服务业占比约为 70%，生产性服务业在现代服务业中的占比约为 70%。这两个 70% 就表明了我国与发达国家之间的差距，非常值得关注。因为，2015 年我国服务业占比才首次超过 50%，达到 50.5%，创历史最高，生产性服务业的占比更低。因此，在"十三五"期间，要推动我国工业实现转型升级，关键是要推动现代服务业，尤其是生产性服务业快速发展，实现工业与服务业的深度融合，并以此为条件推动我国制造业尽快实现全球化、信息化、服务化。

◆ 城镇化转型升级：从规模城镇化到人口城镇化

对于我国经济发展来说，城镇化是最大的红利。其原因有二：

（1）现阶段，我国正处于从工业化中后期向工业化后期过渡的关键节点。“十三五”末期，我国名义城镇化率要超过 60%。但 2014 年，我国名义城镇化仅为 54.8%，预计“十三五”期间的名义城镇化率按照年均 1% 的速度提升。在人口城镇化方面，2012 年，世界人口平均城镇化率为 52%，而我国 2013 年的人口城镇化率为 36%，差距非常大。综上所述，我国人口城镇化的提升空间还很大。

（2）在“十三五”新型城镇化过程中，隐藏的内需潜力非常大。扩大内需、拉动消费是我国经济发展的最大优势。借助新型城镇化，我国巨大的消费需求与投资需求都将得以释放，内需也将得以进一步扩大。

因此，在“十三五”期间，要进一步推进人口城镇化。首先，要消除“农民工”这一概念，实现农民工市民化；其次，要全面落实户籍改革制度，取消暂住证，推行居住证；最后，要围绕公共资源均等配置形成大中小城市与小城镇协调发展的格局。要做到上述几点，至少要先实现建设用地市场城乡统一，社会保障制度城乡统一，人口政策城乡统一。争取到 2020 年在城乡一体化建设方面取得突破性进展，彻底破除城乡二元体制。

◆ 消费结构转型：从物质型消费到服务型消费

现阶段，我国的消费结构正在快速升级，个性化消费、多样化消费逐渐成为主流消费趋势。消费结构升级表现出三大趋势：

（1）生存型消费逐渐升级为发展型消费。总体来看，城乡居民的发展型消费规模正在不断扩大，在这方面的消费支出比重也在不断

增加。

（2）物质型消费逐渐升级为服务型消费。目前，我国居民在服务型消费方面的支出比重为40%，预计到2020年，这个比重将提升到40%～45%，部分地区可达到50%～60%，服务型消费将成为最主要的消费支出。

（3）传统消费升级为新型消费。人们对新型消费的需求正在不断增加，这里的新型消费是指信息消费、旅游休闲消费、绿色消费等消费业态。

这三大趋势正好印证了2014年中央经济工作会议对我国消费形势的总结：模仿型、排浪式的消费时代已逐渐结束，个性化消费、多样化消费逐渐成为主流。以"批次"形容消费者的生存型消费时代已经结束，以"个数"形容消费者的服务型消费时代正式来临。

消费结构升级过程中蕴藏着巨大的消费潜力。麦肯锡2012年的研究报告显示：预计到2020年，我国医疗市场规模将从2011年的3700亿美元增至1万亿美元，其增长速度将跃居世界前列。另外，从城乡局面消费总量方面来看，2014年，我国全社会消费品零售额为26.2万亿元，预计到2020年将增至45万亿～50万亿元，消费规模将成倍增长，成为最主要的推动经济增长的内在动力。

◎ 从工业驱动到服务驱动的转变

我国整体经济正进行着一场全面深刻的结构性变革转型。从总体来看，"十三五"期间我国经济转型升级的基本内涵包括三大方向：由工业主导型经济转向服务业主导型经济，由要素主导型经济转向创新主导型经济，由投资主导型经济转向消费主导型经济。

服务业的高速发展既是现代市场经济的显著特征，也代表了一个社会的整体经济活力和现代化水平。就我国而言，虽然近些年服务业发展迅猛，并逐渐成为拉动国民经济发展的主要引擎，在整体产业结构中的比重也不断增加，但若与发达国家甚至同等收入水平的国家相比，我国服务业整体发展仍然相对滞后，尚有巨大的拓展空间。

根据全球城镇化的实践经验，城镇化前期工业是经济增长的主要驱动力，其次是服务业；而在城镇化后期，服务业成为拉动经济发展的主要引擎，工业退居次席。

从这一角度来看，“十三五”期间我国大力推行的新型城镇化建设，要求整体经济结构从工业主导型转向以服务业为主导，打造创新发展、集群发展、融合发展等极具活力和竞争力的发展模式，大幅增强我国服务业经济体系的承载能力、服务能力和包容能力，最终建立起以高端、开放、完善的现代服务业为主导的整体经济体系。

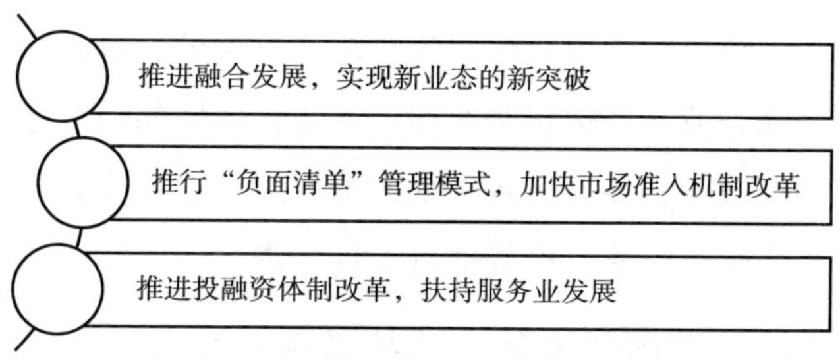

图 4－2　从工业驱动到服务驱动的转变

◆ 推进融合发展，实现新业态的新突破

加快发展生产性服务业并推动其与先进制造业的深度融合，以实现从“生产型制造”向“服务型制造”的转变。重点是基于市场机制和创新驱动，引导更多的资本、企业和创业者进入研发设计、商务服务、市场营销、售后服务等服务领域。

“十三五”期间，我国要以建立和完善现代物流服务网络为战略重点，构建以金融服务为核心的多层次资本市场，借助先进的互联网信息化技术提升工业服务业的服务水平，推动工业生产流程的优化再造。

加快推动农村地区的互联网基础设施建设；利用日益成熟的电子商

务模式倒逼制造业、商贸流通业等传统产业的信息化、数字化、互联网化的转型升级；大力促进健康、养老、信息消费、文化、娱乐等各类生活性服务业的良性快速发展，增强医疗、文化、娱乐等服务产品的供给能力，充分满足人们日益增长的服务性、发展性、享受性消费需求。

建立生活性和生产性服务业的协同发展模式，通过前者深挖社会内需，培育新的经济增长点；借助后者促进传统制造产业乃至整体经济结构的转型升级，提高服务供给能力和水平。

◆ 推行"负面清单"管理模式，加快市场准入机制改革

我国在打造以现代服务业为主导的经济体系时应充分借鉴国际成功经验，转变政府角色职能，减少甚至取消服务业重点领域前置审批，增强政府服务和后续监管能力；在服务业综合改革试点地区推行负面清单管理模式，为服务业发展构建非禁即入的宽松环境和公平竞争氛围；深化工商登记制度改革；加大行政审批改革力度，进一步放宽服务业领域的投资、生产经营、资质资格等许可认证标准。

◆ 推进投融资体制改革，扶持服务业发展

引导鼓励商业银行设立信贷专营机构，探讨知识产权质押贷款、信用保险和贸易融资等创新业务发展模式，为企业提供更好的信用担保融资服务；拓展直接融资渠道，加快发展高新技术企业和中小企业集合票据、集合债券、集合资金信托等融资模式，有效缓解企业融资困境；鼓励并支持服务业企业利用股权融资工具在资本市场直接融资，构建包括天使投资、风险投资、股权投资的多层次、多渠道投融资市场。

◎ 从要素驱动到创新驱动的转变

索洛经济增长模型指出了促进经济增长的三大动力，即劳动力和资本（资金、土地及其他自然资源）要素以及技术进步。该模型认为，在经济达到均衡状态时，影响人均产出增长速度的决定因素是技术

进步。

用该理论分析我国的经济发展状况，“十三五”期间劳动力、资金、环境等成本的不断抬升，表明以往要素驱动型的经济增长模式陷入困境，需要转换增长引擎，从依靠要素投入转变为主要依靠技术进步和创新。

也就是说，“十三五”期间我国要加快构建创新驱动的发展模式，利用先进的互联网信息化技术推动传统产业的智能化、绿色化、可持续化变革，打造整体经济增长新引擎，最终实现从要素主导型经济向创新主导型经济的转变。

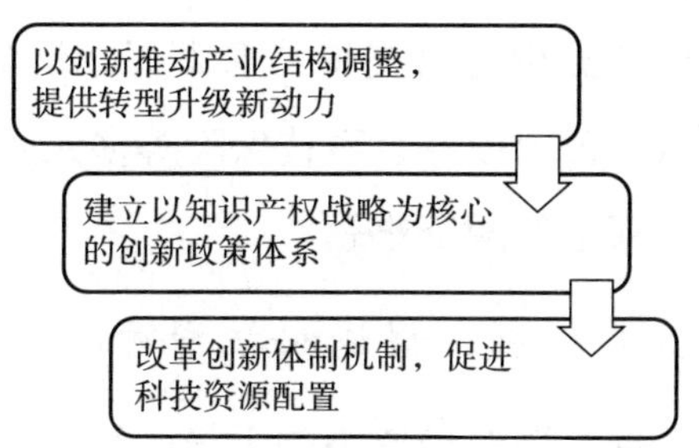

图 4－3　从要素驱动到创新驱动的转变

◆ 以创新推动产业结构调整，提供转型升级新动力

以创新推动产业结构调整，围绕产业链打造创新链，围绕创新链构建资金链，最大限度地避免科技创新中的“孤岛现象”，让创新真正服务于产业发展；建立多元化、多层次的产业生态系统，以科技创新变革重塑传统支柱产业，大力培育基于互联网信息化技术的新支柱产业，鼓励扶持潜力巨大的新兴产业的发展；通过科技创新打造经济增长新动力，加快传统产业的互联网化转型升级。

“十三五”期间，我国要大力推进大数据、云计算、3D 打印、新能源、新材料等先进技术的发展突破，借助这些新技术实现社会生产生活方式的变革重塑。

◆ 建立以知识产权战略为核心的创新政策体系

加快打造以知识产权战略为核心的创新政策体系，优化知识产权的评价标准、激励和转化机制，强化企业在技术决策、研发投入、科技组织、成果转化等方面的主体地位；以产业发展重大需求为出发点，通过技术创新示范企业的引领带动，推动企业、高校、研究机构的密切合作；探索产业链、创新链、资金链的深度结合路径，构建以企业为主体、市场为导向、产学研有机结合的创新体系。

鼓励民营企业和中小微企业的创新创造活动，推动"万众创新"有效落地；引导研发项目、创新基金、服务平台等向中小微企业倾斜，为他们的创新创造活动提供有力支持；探索买方信贷、知识产权质押、融资租赁、小额贷款、公司债券、科技保险等多元融资渠道，有效解决科技型企业在技术创新中的融资难题。

◆ 改革创新体制机制，促进科技资源配置

充分发挥市场在创新资源配置中的主导作用，着力发展市场需求引导、科技成果转化、科技资源开放共享、人才激励、科研诚信建设等内容；建立和完善有利于创新的产业、科技、知识产权、贸易、财税、金融等政策机制，并注重各政策间的有效衔接匹配，加快制定、落实与激发市场创新需求有关的政策。

创新性制度是自主创新的基础，创新性文化是自主创新的内在支撑。要提高创新供给能力，以经济社会需求为导向进行科技创新，充分发挥市场在确定研发方向、路线选择、创新要素配置等方面的主导功能；破除制约科技创新成果转化的体制机制障碍，促进创新成果更多地应用到经济社会发展中。

深挖、释放经济社会中的更多创新需求，推动科技创新政策、产业发展政策与需求政策的有效衔接，将重视、鼓励和支持创新的理念融入科技和经济社会发展的规划布局、政策制定、考核评价之中；优化完善促进自主创新和成果转化的政策体系，激发各类社会主体参与自主创新的积极性，鼓励各创新主体加大创新研发投入；加大培育创新型人才的力度，积极引进海外高科技人才，建立稳定、多层次的创新型人才队伍。

◎ 从投资驱动到消费驱动的转变

在经济新常态下，我国社会需求结构正发生深刻变革，消费市场规模不断拓展，消费升级加速，消费内需逐渐成为推动国民经济快速发展的主要引擎。因此，“十三五”期间保持经济中高速增长的关键是构建消费主导型经济形态。

从投资主导型经济向消费主导型经济的转变是一场涉及多方面、多层次内容的深刻变革，需要我们敏锐地把握第三次消费升级的机遇，稳步推进供给端结构性改革，提高社会供给规模和质量；通过需求管理与供给管理的有机结合，创造新环境、打造新动力、重塑新结构、完善新制度，最终形成一个新的内生的稳定增长机制。

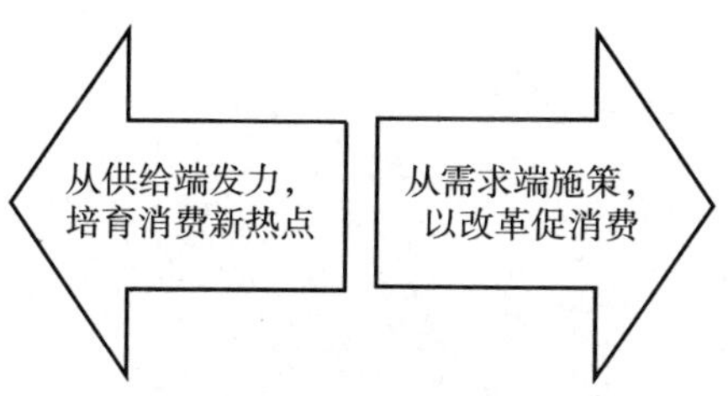

图 4－4　从投资驱动到消费驱动的转变

◆ 从供给端发力，培育消费新热点

基于消费升级趋势，挖掘、培育更多的消费热点，着力发展移动互联网、健康医疗、文化旅游、节能环保等极具潜力的消费内容；加快实施“宽带中国”战略，鼓励物联网、云计算、大数据、认知计算等先进技术的发展，拓展信息消费市场空间；加快电子商务创新发展，促进

和规范物流配送、快递业、网络购物等的业态发展；针对日益严峻的老龄化现象，加快养老服务和社区服务体系建设，推动养老服务机构和养老服务产业集群的规模化、连锁化经营。

◆ 从需求端施策，以改革促消费

从直接刺激消费的政策转向以完善消费环境为主的间接刺激政策，探索扩大消费内需的长效机制；加快新型城镇化建设增加消费内需体量，深化分配体制改革增强民众消费能力，改善消费环境提高人们的消费意愿，放宽市场准入门槛增强社会供给能力。

构建消费型主导的经济模式，要深化以财税改革为代表的收入分配制度改革，缩小贫富差距，降低中低收入者的税负负担，着力扩大中等收入群体规模，建立"橄榄型"社会群体结构；通过新型城镇化战略稳步推动农业人口的市民化，健全城市公共服务体系，深度挖掘农村市场的巨大消费潜力。

4.2 服务业主导：中国经济增长新引擎

◎ 形成服务业主导的经济格局

从总体发展形势来看，服务业主导的经济格局形成的客观基础正在成型，“十三五”要紧抓经济转型趋势，因势利导，进一步推进服务业主导的经济转型，以保证我国经济能以 7% 左右的速度增长，能成功跨越“中等收入陷阱”，跻身高收入国家行列。

如果“十三五”中期（2015—2020 年）不能科学合理地谋划，仍坚持以工业为主导，以投资为主导的传统经济发展模式，不仅会在经济转型期间陷入被动，还会使一系列系统性矛盾与风险加剧，如投资消费失衡风险、产能过剩风险、地方债等，使我国经济的中长期发展受到威胁。

因此，我国要在“十三五”期间着力发展服务业，并将其作为约束性指标，争取到 2020 年构建起以服务业为主导的新经济格局。

◆ 2020 年：中国走向服务业大国的转型节点

（1）到 2020 年服务业占比超过 55%

2015 年，在国内生产总值中，服务业占比首次超过 50%，达 50.5%，创历史新高。但与发达国家相比，2000 年，发达国家服务业的平均占比就达到了 70.1%，差距显而易见。即便与处于同一发展阶

段的俄罗斯、印度、南非等国家相比，差距也非常大。例如，2013 年，印度服务业占比为 57%，俄罗斯服务业占比为 60.3%，南非服务业占比为 70%。

根据近几年服务业的发展情况可知，"十三五"期间我国服务业能以年均 1% ~1.5% 的速度增长。2015 年，我国服务业在 GDP 中的占比首次超过 50%；到 2020 年，服务业在 GDP 中的占比很有可能超过 55%，甚至达到 60%，届时，以服务业为主导的新经济格局就能基本成型，服务业也将成为拉动国民经济持续发展的新动力。

（2）服务业实现两位数增长

相关数据显示，去除价格因素，2001—2013 年，我国服务业的年均增速达到了 10.6%。据初步测算，未来几年，我国服务业的年均增速很有可能达到了 10% 左右，如果按照此速度增长，2020 年，我国服务业在 GDP 中的占比很有可能达到并超过了 55%。

（3）服务业规模有望实现再倍增

2008—2014 年，国内外的经济发展环境巨变，即便在此情况下，我国服务业也依然实现了快速增长，2008 年服务业的增加值为 13.1 万亿元，2014 年服务业的增加值增长到了 30.7 万亿元，扩大了 2.3 倍，规模倍增。

"十三五"期间，如果我国的服务业能保持这个发展速度，或者低于这个速度，以年均 8% ~9% 的速度增长。到 2020 年，我国服务业的规模将达到 47.3 万亿 ~51.1 万亿元。如果在"十三五"期间，能创新体制与政策支持服务业发展，我国服务业将非常有可能再次实现突破，其规模也非常有可能实现再倍增。

（4）服务贸易占比达到 20%

自加入世界贸易组织以来，我国服务贸易规模急剧增长。2001 年，我国服务贸易总额为 719 亿美元；2014 年，我国服务贸易总额达到了 5396.4 亿美元，增长了 6.5 倍。另外，2014 年，我国服务贸易进出口总额也同比增长了 12.6%，达到了 6043.4 亿美元。

虽然我国服务贸易增长速度很快，但从严格意义上来讲，我国并不是服务贸易强国。例如，美国 2013 年的服务贸易总额高达 11323.1 亿美元，比我国高出 2 倍不止。再如，2013 年，我国服务贸易在贸易总额中占比为 11.5%；国际服务贸易在国际贸易总额中占比为 20%，差距非常明显。

“十三五”期间我国以“一带一路”为核心进一步扩大对外开放，在这个关键时期要做好两件事。第一，顺应两大趋势紧抓发展机遇增加服务贸易比重，这两大趋势分别是国内服务贸易快速发展趋势、国际服务贸易跨国转移趋势。第二，加快推行、落实企业“走出去”战略，围绕生产性服务业“走出去”加快中国制造在全球布局，构建中国制造业的全球化产业链。

要做好这两件事，首先要积极主动地开放我国的服务业市场，推动服务贸易进一步增长。如果我国服务贸易的增速能维持在 10% 左右，到 2020 年，我国服务贸易总额就能达到 1 万亿美元，其在外贸总额中的占比将达到 20%。

◆ 形成以服务业为主导的经济结构

形成以服务业为主导的经济结构，既是适应、引领经济新常态的必然要求，也是经济新常态发展成熟的重要推力。

(1) 拉动 7% 左右的经济增长

服务业是经济增长的重要驱动力量，是转型变革关键期我国经济保持平稳发展的重要保障。研究显示，服务业每增长 1 个百分点，便可以拉动 GDP 增长 0.4 个百分点。因此，正如迟福林教授指出的，如果到 2020 年服务业增加值年均增长能够维持在 10%，那么对总体经济的带动将达到 4 个百分点左右，这显然会为我国经济增速保持在 7% 左右的预定区间提供有力支撑。

(2) 引领经济新常态的核心要素

经济新常态的"新"主要表现为整体经济结构的调整和增长动力机制的转化，从以往工业主导的粗放型发展转变为以服务业为主导的"创新、协调、绿色、开放、共享"的可持续发展。这种新发展需要动力机制的转换，即从投资、出口驱动向消费内需驱动转变，通过工业转型升级、消费结构升级和城镇化升级，充分释放出我国14亿人口的巨大消费潜力，从而形成以服务业为主导的更加合理、更具国际竞争力的经济新格局。

(3) 服务业将成为扩大就业的主渠道

服务业涉及人们日常生产生活的方方面面，具有广阔的想象空间，对扩大就业有着重要价值。特别是在农业和工业生产的智能化、自动化水平不断提高，机器大规模取代人力的情况下，服务业将成为社会就业的主要渠道。

研究指出，2008年我国GDP每增长1个百分点，新增就业岗位为70万~80万个；而到2013年服务业占比更高后，GDP每增长1个百分点新增就业达177万个。这意味着，随着我国经济结构从工业主导转向服务业主导，服务业每增长1个百分点，便能为社会新增近百万个就业岗位，从而有利于扩大就业、提高就业水平、缓解日益严峻的就业压力。

(4) 形成全社会创新创业的新浪潮

在"互联网+"的经济新常态下，李克强总理提出了鼓励"大众创业、万众创新"的政策。然而，以往侧重于规模和速度的粗放型发展方式显然难以真正激发出全社会的创新创业热情和潜力，这就需要加快发展现代服务业特别是生产性服务业，以推动新一轮创新创业浪潮的到来，并为人们的创新创业拓展更加广阔的市场空间。

(5) 形成绿色发展的新常态

形成以服务业为主导的经济结构，有利于落实绿色、环保的发展理念，探索资源节约型、环境友好型的发展模式，进而形成绿色发展、可持续发展的新常态。

（6）形成利益结构不断优化的新常态

发达国家的经验早已表明，服务业的发展有利于中产阶层规模的扩大，从而促使整个社会形成更加合理、稳定的利益结构和阶层格局。从我国来看，当前中产阶层群体在总人口的占比仅为 25% 左右，远远低于欧美发达国家。因此，若到 2020 年我国形成以服务业为主导的经济结构，则中产阶层群体规模将达到 6 亿人左右，占比为 35% ~40%，初步形成较为合理的利益结构与阶层布局。

显然，要实现这一目标，就必须大力发展现代服务业，以便让农民获得更多财富，让更多年轻人成为白领。此外，长期困扰社会的大学生就业难的问题，背后反映的是教育结构与社会经济发展需求不相匹配的矛盾，因此要通过教育结构调整，特别是职业教育的发展完善，推动服务业更好、更快地发展。

◎ 形成服务业主导的产业结构

“十三五”是我国整体经济转型升级的关键期。面对复杂多变的国内外经济环境，“十三五”期间的发展重点是在总体经济转型升级的引导下，大力推动传统服务产业的变革转型，建立现代服务业，加快服务型经济发展，形成以服务业为主体的产业结构，从而实现“稳增长、促改革、调结构、惠民生”的政策目标。

从全球产业结构发展历程来看，一个国家迈入工业化后期和高收入水平国家的关键是：低附加值的传统工业逐渐被高附加值的现代服务业取代，形成以现代服务业为主体的产业结构和服务型经济发展模式。

就我国而言，当前正处于经济转型升级的历史拐点，因此“十三五”期间必须牢牢把握增长、转型与改革的主动权，积极适应并引导经济新常态下各行业产业的变革、发展与转型，在“创新、协调、绿

色、开放、共享"五大发展理念的指导下，打造以服务业为主体的产业结构，推动服务型经济的快速发展。

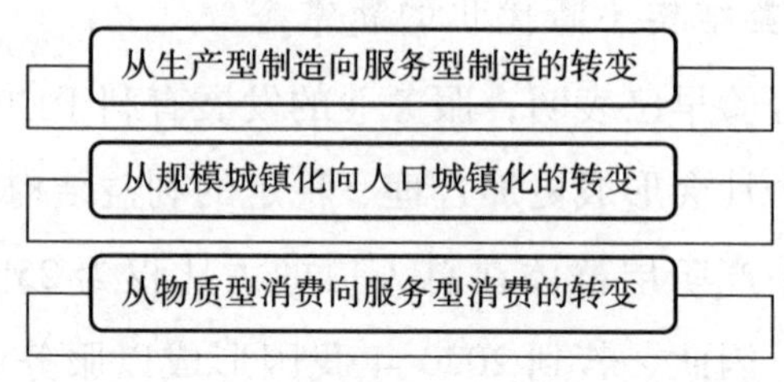

图4-5 服务业主导的产业结构转型

◆ 从生产型制造向服务型制造的转变

借助"互联网+"和日益成熟的物联网、大数据、云计算等新型信息化技术，我国传统制造业开始从低附加值的生产型制造向高附加值的服务型制造模式转变。不过，从当前来看这一转型过程面临着一个关键痛点，即生产性服务业发展滞后，研发、设计、金融、物流、营销等各个方面远无法满足服务型制造的发展需要。

例如，德国作为先进制造业的领跑者，其生产性服务业在GDP中的占比高达45%~50%，而我国的这一比重只有15%左右，远远落后于各发达国家。因此，当前我国经济改革转型的一个重要方向是加快生产性服务业的发展，在"十三五"期间将生产性服务业的比重提高到30%~40%，进一步深化工业与服务业的有机融合，实现从"工业2.0"到"工业3.0"的转型升级，并为"工业4.0"的发展奠定坚实的基础。

◆ 从规模城镇化向人口城镇化的转变

城镇化建设的核心是实现人的城镇化。因此，从规模城镇化向人口城镇化的转型升级也就成为我国新型城镇化建设的题中之意，成为"十三五"期间城镇化发展的重要方向。我国要加快并深化户籍制度改革，推动更多农村人口转变为城镇人口，力争到2020年城镇人口的比例达到 50% 左右。如果顺利实现这一目标，则意味着将有 4 亿农业人口转化为城市居民，从而为教育、医疗、养老等各类生活性服务业的发展提供巨大的市场空间。

相关研究表明，城镇化率每提高 1 个百分点，服务业增加值的比重就会提高 0.77 个百分点。因此，即便“十三五”期间我国人口城镇化率只增加 10 个百分点，也能够使服务业比重提高 7～8 个百分点，从而大幅推动我国服务型经济的发展。

◆ 从物质型消费向服务型消费的转变

随着社会生产生活水平的大幅提高，我国消费结构已进入转型升级的关键期，主要表现为城乡居民的消费诉求从以往的物质型消费向更高层次的服务型消费转变。其中，城镇居民是服务型消费的主体，其服务型消费在总体消费中的占比接近 40%，预计到 2020 年将增加到 50% 左右，部分发达地区甚至会达到 60%。

不断增长的服务型消费需求为服务业的发展开辟了广阔的市场空间。相关数据显示，2014—2020 年，我国消费市场规模将从 30.7 万亿元增加到 45 万亿～50 万亿元，其中服务型消费市场将是最主要的增长点，从而为服务业发展提供坚实的市场基础。在消费结构转型升级的推动下，“十三五”期间我国服务业占比每年将至少增加 1 个百分点，到 2020 年服务业占比将超过 55%，从而初步建立起以服务业为主导的产业结构。

◎ 服务业主导下的经济新常态

从我国经济转型升级的角度来看，形成服务业主导的经济格局，构建服务业大国是经济转型升级非常重要的衡量标准。以此为前提，能推动我国经济以 7% 左右的速度实现中高速增长，有效提升经济增长质量，改善劳动生产率，实现经济结构调整，有序转换经济增长动力。以

服务业为主导的经济格局既是经济新常态的重要标志，又是一种非常重要的适应、引领经济新常态的战略选择。

◆ 服务业主导与经济增长新常态

目前，国内外经济发展形势巨变，我国经济下行压力显著增加，体制机制弊端暴露，结构性矛盾逐渐突出，经济增长进入新常态阶段。在这个阶段，为了主动适应、引领新常态，要在保证经济按一定速度增长的同时加快经济结构调整，尽快形成以服务业为主导的新经济格局。

在国内制造业产能过剩、房地产等行业衰退性风险逐渐增加的背景下，服务业发展良好与否对“十三五”期间我国经济能否以6% ~7%的速度增长，年均增速能否维持在6.5%左右密切相关。

过去10年，我国服务业每增长1%，我国经济就能增长0.43%。在“十三五”期间，如果我国服务业的增加值能以年均10%左右的速度增长，则我国GDP大约能因此增长4个百分点。将农业、工业的增长计算在内，我国经济的增长速度能达到7%，中高速增长的新常态将非常有可能实现。

◆ 服务业主导与扩大就业

近两年，虽然经济下行压力逐渐加大，经济增长速度减慢，但就业市场并未因此发生较大的波动。其原因在于，服务业的快速增长使就业得以进一步扩大。

2013年，我国服务业就业人员比重首次超过农业，达到了38.5%，并逐年增加，在稳定就业方面发挥了非常重要的作用。但相较于美国等发达国家平均70% ~80%的服务业就业比重来说还是有非常明显的差距。由此可见，我国的服务业不仅拥有巨大的发展潜力，还拥有巨大的吸纳就业的潜力。

在我国，服务业增加值每增长1%，新增就业岗位就能达到100多万个。“十三五”期间，随着以服务业为主导的经济格局的成型，到

2020 年，我国服务业的就业人数能达到 4 亿人，在总就业人数中的占比能达到 50%。

在高校毕业生就业压力不断加大，工业、农业劳动力不断向服务业转移的形势下，为了缓解中长期的就业压力，逐步构建服务业吸纳就业的新格局，必须大力发展服务业。

◆ 服务业主导与大众创业、万众创新

在新一轮科技革命的引导下，全球产业发展方式巨变，线上与线下融合速度加快，借助"互联网 +"这个平台，不仅新兴产业实现了快速发展，传统产业也得以改造、升级。以"互联网 +"为依托，出现了很多新业态、新模式，大众创业、万众创新的浪潮也频频来袭。

现阶段，互联网与现代服务业，如金融、旅游、教育、健康等实现了全面融合，例如，"互联网 + 教育"，就是互联网与传统教育的融合；"互联网 + 出租车"，就是互联网与传统租车服务的融合；等等。这些新业态的出现给创业者提供了广阔的发挥空间。

在"十三五"期间形成的以服务为主导的经济格局，不仅能推动新一轮创业潮来临，还能打破阶层坚冰。

◆ 服务业主导与利益结构优化

推进以服务业为主导的经济转型，能进一步实现利益结构与社会结构的优化。

首先，服务业的发展能有效增加劳动者的收入。2006—2012 年，我国各省服务业占比和劳动者报酬占比间的相关系数高达 0.97。具体来说就是，服务业占比每提升 1%，劳动者报酬就能增加 0.38%。如果"十三五"期间服务业占比能提升 10%，劳动者报酬就能增加 3.8%，达到 50%。届时，我国劳动报酬下降趋势将得以扭转，国民收入分配格局将得以优化。

其次，服务业的发展能有效缩小城乡收入差距。据估计，服务业占

比每提升 1%，城乡收入差距就能缩小 0.014%。如果在“十三五”期间服务业占比能提升 10%，城乡收入差距就能缩小 0.14%。

最后，服务业的发展能有效扩大中等收入群体。根据国际发展经验，生产性服务业也好，生活性服务业也罢，都能有效推动中等阶层壮大。例如，在以服务业为主导的经济结构形成之后，美国白领阶层在 20 世纪 40—70 年代扩大了 5 倍。从国内情况来看，虽然目前中产阶层占比只有 25%，但随着服务业就业人数的不断增加，创造的收入不断增多，预计到 2020 年，中产阶层比重能增至 35% ~40%。

◆ 服务业主导与绿色发展

根据国际发展经验，产业结构与生态环境状况密切相关。发达国家在由中等收入阶段迈进高收入阶段的过程中，通过经济结构的转型升级有效地缓解了经济发展带来的生态压力，给环境问题提供了有效的解决方案。

从我国实际发展情况来看，如果以服务业为主导的经济格局能成型，我国的资源环境压力将得以大幅缓解。

例如，服务业发展能有效降低能源消耗。如果在 2015—2020 年，服务业的占比能提升到 55%，以 2012 年的 GDP 总量为标准进行估算，能耗总量能下降到 27.65 亿吨标准煤。也就是说，随着服务业发展，我国每年节约的能源消耗总量能达到 4.56 亿吨标准煤，降幅达 14.16%。

再如，服务业发展能有效减少排放。据估计，如果在 2015—2020 年服务业比重能提升到 55%，以 2012 年的 GDP 总量为标准进行估算，二氧化硫排放总量将降至 1731.41 万吨，降幅达 18.23%。

4.3 以转型创新推动服务型经济的发展

◎ 打破行政壁垒，实现转型创新

“十三五”期间，顺应经济转型升级趋势，推进以服务业为主导的新经济格局有序构建，以创新为主要驱动力，做好全面深化改革工作，借助体制机制创新构建完善的激励机制与利益协调机制，使市场活力、政府活力、社会活力得到有效激发，进一步推动转型创新的实现。

◆ 服务业领域的行政壁垒较为普遍

改革开放以来，市场化改革的重点放开领域是工业领域，其中制造业占到 80% 以上，属于高度市场化部门。虽然现阶段服务业的市场准入政策已经放宽，但行政垄断依然普遍存在。社会资本要想进入服务业领域，最大的障碍就是政策制约，尤其是复杂烦琐的行政审批制度。

2015 年政府工作报告明确提出，不仅要放宽民间投资市场准入，鼓励民间资本建立股权投资基金，政府还要做好引导，将民间资本引向重点项目。这个提议非常关键，在经济格局发生变化的形势下，该举措能有效培养、催生经济发展新动力。

但事实上，受行政垄断、行政管制、部门行业利益结构固化等因素的影响，社会资本要想进入服务业领域依然面临重重阻隔。在这种情况下，服务业部门难以借助正常的竞争手段提升供给能力、供给质量与供给效率。

◆ 社会资本成为主要拉动力

根据国际发展经验，小企业是服务业发展的源头。例如，苹果、亚马逊、谷歌等全球性的服务企业都是从小企业成长起来的。根据国内服务企业的发展经验，虽然一些大型服务企业借助规模扩张成为世界500强中的一员，但由于创新精神、创新能力不足，不能对市场需求做出快速响应，国际竞争力也亟待提升。也就是说，通过大企业做强服务业的想法难以实现。

服务业具有门类繁多、差异化较高、个性化较强的特点，相较于大企业来说，运营灵活的中小企业更能满足服务业的发展需求。现阶段，我国服务业最大的问题就是对中小企业、民营经济的开发力度不足。因此，政府要尽快放宽政策，加大对社会资本的开发力度，降低社会资本在信息技能、邮政快递、电信、研发设计等领域的准入门槛，放宽限制，将行政监管转向法治监管。

另外，在"十三五"期间要进一步解放思想，顺应放宽社会资本进入服务业领域的形势，围绕政府购买公共服务，推动、落实公益法人立法工作，将基本公共服务领域公益性社会组织的作用充分发挥出来。同时，要做好公共资源配置工作，使其实现社会化、市场化；将竞争机制引入特许经营权出让领域，做好政策采购的规范与完善工作，争取到2020年让服务业市场全面对社会资本开放。

◆ 尽快打破服务业市场的行政壁垒

"十三五"期间，要促使垄断行业竞争环节对社会资本全面开放。例如，在资本市场上减持国有股，让部分国有资本退出非自然垄断环节，引导社会资本进入；在垄断行业的自然垄断环节，要在强调国有资本的公益性、BOT、TOT等手段的支持下引入社会资本；在竞争性环节，如航空、银行、保险等，要尽快实现对社会资本的全面开放。同时，要降低基础领域的准入门槛，放松或者消除对垄断行业的管制，尽快落实混合所有制改革，将市场竞争机制全面引入服务业市场，在基础领域鼓励社会资本参与投资，开展公平竞争。

◎ 放开服务行业，释放市场红利

◆ 我国服务业市场发展现状

从当前来看，我国服务业市场开放程度较低，这不仅与整体经济转型升级的目标相背离，也是加快发展服务型经济、建立以服务业为主导的产业结构的重要阻碍。

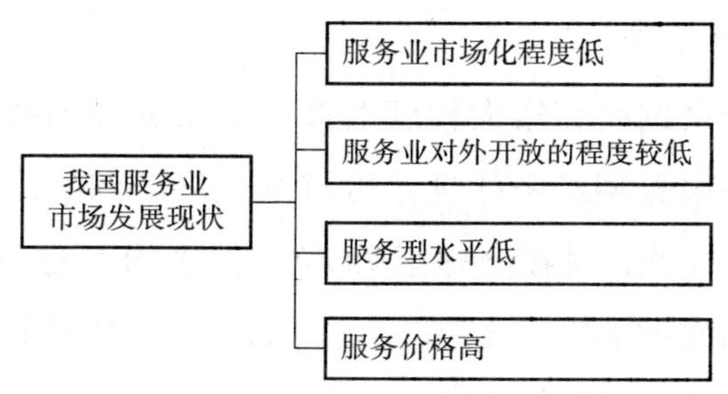

图 4－6　我国服务业市场发展现状

(1) 服务业市场化程度低

当前我国民众的服务型消费需求不断增加，但服务业市场化程度较低却抑制了服务产业的供给能力，导致服务型消费市场呈现出严重的供需失衡状态。研究显示，我国工业产业中超过 80% 是制造业，且市场化程度较高；而服务业中超过 50% 仍处于行政垄断状态，市场化程度很低，严重影响了服务业资源的优化配置和高效利用，自然难以满足不断增长的服务型消费需求。

(2) 服务业对外开放的程度较低

除了大量服务领域被行政垄断，我国服务业的对外开放程度也较低。以上海自贸区为例，在其 122 项负面清单中，有 83 项涉及服务贸

易。在服务业开放程度相对较高的自贸区尚且如此，更不用说国内其他地区的服务业开放水平了。

(3) 服务型水平低

以往多数产业发展都是重速度和规模，轻服务，导致服务水平较低。以房地产行业为例，当前该产业已基本进入饱和期，难以继续保持高速增长，亟须通过规模房地产向服务型房地产模式的转型升级拓展新的发展空间。例如，若房地产企业利用自身优势大力发展健康、文化、娱乐等服务产业，不断增强自身的服务能力和水平，则必然能发挥出房地产更大的使用价值。在这方面，国内商业地产龙头万达集团已做出了成功转型的表率。

(4) 服务价格高

各类服务价格偏高在很大程度上抑制了服务型消费需求的充分释放，进而影响到服务型经济的良性可持续发展。例如，2014 年国内宽带平均网速为 3.8 兆，排在全球第 75 位，但平均 1 兆每秒的接入费用却是排在前列的发达国家的 3～4 倍。再如，近些年日益火爆的出国留学、出国旅游消费，虽然与人们收入水平的大幅增加密切相关，但也与国内教育服务、旅游服务的价格过高而质量较低有一定的关系。

◆ 提高服务业市场开放水平

"十三五"期间加快服务型经济发展的一个重要着力点，是破除服务业中的行政垄断状态，提高服务业市场开放水平。

(1) 打破服务业市场的行政垄断与市场垄断

深化服务业改革，加快破除电力、电信、石油、民航、邮政等服务领域的行政垄断与市场垄断，充分发挥市场对资源的优化配置功能，提高服务资源利用效率，增强服务供给能力。

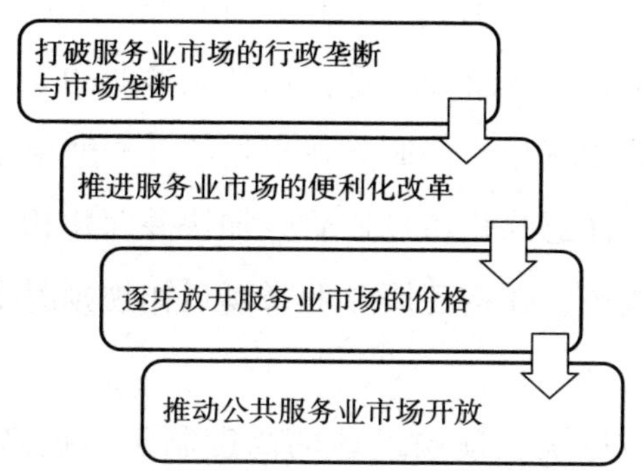

图 4-7 提高服务业市场开放水平

(2) 推进服务业市场的便利化改革

全面放开社会资本在教育、医疗、健康、养老等生活性服务领域的准入门槛，利用社会资本推动研发、物流、销售、信息等生产性服务业的快速发展，借助社会资本深度激发服务业的内在活力，最终形成以社会资本为主要驱动力的服务业发展形态。

(3) 逐步放开服务业市场的价格

深化服务业价格管制改革，将政府的定价范围缩小到重要公用事业、公益性服务、网络型自然垄断环节等基本公共服务领域；对于众多非基本的公共服务，则全面放开价格管制，以通过市场自行定价推动这些服务领域的快速发展。

(4) 推动公共服务业市场开放

政府应减少对服务市场具体运作的干预，转而以购买服务的方式引导市场发展，提高公共服务市场的开放水平，借助市场和社会的力量提高公共服务的供给规模和质量。根据相关规划，2014—2020 年，政府采购支出在总体财政支出中的占比要从 11.4% 增加到 15% ~20%。其中，服务类采购在总体采购中的比例要从 11.2% 提高到 30% 左右。

此外，提高服务业市场开放程度，政府还需要注意以下几点：

首先，服务业市场开放是全方位、多层次的开放，既要允许国内的

社会资本全面进入服务市场，也要充分引入外资力量；既要提高生产性服务业的开放水平，也要全面降低生活性服务业的准入门槛。

其次，与工业领域相比，服务业市场的开放变革更为复杂：在制定相关开放标准时要注意强化市场监管，加快并深化相关国有企业、事业单位的体制机制改革，在构建服务业市场运作规则时要保持与国际管理的对接。

最后，政府应尽快从顶层设计的高度制定出提高"十三五"期间服务业市场开放水平的战略发展规划。

◎ 以创新驱动打造服务贸易强国

◆ 以服务业开放推进双边多边自由贸易区建设

"十三五"规划建设服务贸易强国，首先要打破服务贸易壁垒，降低服务贸易市场准入门槛；对外商投资实行负面清单管理制度与准入前国民待遇，将法律允许外商进驻的服务业领域全面对外开放，保证内资外资、国企外企都能享受到同等的待遇；对于外企投资的项目，要逐渐采用登记备案制进行审批，对于一般项目（除国家规定的限制类项目、重大项目之外的项目），要逐步取消外企投资项目的审批，政府要重点做好环境安全评估与事后监管工作；要推动双边、多边、区域服务贸易协定的范围进一步扩大，消除个别国家与地区，尤其是新兴经济体与欧洲国家对我国服务贸易的限制，加快与这些国家在金融、信息、物流等领域展开合作，从开放服务业市场与服务贸易自由化两个角度切入做好双边或者区域合作。

◆ 进一步推进服务业开放

要从教育、金融、医疗、文化娱乐、健康等领域出发进一步推进服务业开放。

（1）进一步降低外资进入教育服务市场的门槛，允许、鼓励国外、我国港澳台地区的名校、教育机构在我国内地设立分校。

（2）鼓励民办教育综合改革，搞好试点，在人员福利、税收、招生管理、土地、财政补贴等方面让中外资非营利性民办教育机构能与公立教育机构享受同等待遇。

（3）进一步开放医疗健康服务市场，鼓励外企在内地独资建立医疗机构，将审批权下放；将地方引进的医疗设备与技术收录进《鼓励进口技术与产品目录》，让其能享受税收、财政等方面的优惠政策；进一步简化那些已通过欧盟、美国等国家药监部门审批的医疗药品与器械的通关手续。

（4）进一步开放文化体育娱乐服务市场，使大型国际性文化会展、娱乐节庆活动的限制得以进一步开放，根据CEPA的相关条例引导港澳台地区符合条件的企业进入大陆文娱服务市场。

◆ 大力发展服务外包业务

现阶段，在制造业外包逐渐被服务业外包取代的背景下，在我国对外贸易中，服务业外包业务已成为新的经济增长点。从全球产业分工的角度来看，在全球服务外包产业链中，美国、欧盟等发达国家处于上游，中国、印度等发展中国家处于承接地位，属于承接主体。

在世界经济进一步调整、全球市场持续低迷的形势下，2015年，我国服务外包合同金额1309.3亿美元，同比增长22.1%；执行金额966.9亿美元，同比增长18.9%。在服务业对外开放中，服务外包一路向好。

虽然国务院已颁发关于发展服务外包业务的各项意见，但要想进一步推进服务外包业务的发展，这些意见必须尽快落地，简化服务外包的审批流程，将示范城市的成功经验与做法进一步推广开来，加快出台新的指导意见与目录以推动服务外包产业发展，充分发挥服务外包业务的作用，进一步提升我国服务业的国际竞争力。

◆ 助推服务业企业“走出去”

目前，我国已有1.4万多家企业在全世界170多个国家和地区进行了直接投资，海外员工数量过100万人。这些企业在成功“走出去”之后要解决跨国、跨文化管理等一系列问题，例如，要推行“中国制造2025”战略，不仅要进一步加大在海外金融、海外商贸、海外物流等现代服务业领域的支持力度，还要尽快在海外设立一些专门的服务机构，如律师服务、会计师事务所、管理咨询服务等。

在“一带一路”、亚太自贸区战略快速推行的形势下，借助基础设施的互联互通，继制造企业“走出去”之后服务业企业也要“走出去”。在这种形势下，在“十三五”对外开放战略中要将服务业企业的“走出去”作为重点，尽快出台相关政策与规划对服务业的境外投资进行扶持，做好国际化服务人才、经管人才、科技人才的培养工作。

◎ 供给侧改革下的政府角色转变

◆ 以结构性改革破题结构性矛盾

(1) 完善并优化税制结构

首先，要加快“营改增”的改革进程，进一步在全国范围内推行，降低服务业企业的税收负担率，使重化工业的投资税收优惠得以削减，甚至取消。

其次，要深化消费税改革，做好消费税立法工作，修订《消费税暂行条例》，调整其征收范围，由向企业征收转为向居民征收，由“价内征收”转为“价外征收”，使税收的透明度得以有效提升。

(2) 进一步做好金融体制改革，调整金融政策

“十三五”要放开民营信贷机构设立限制，推进民营信贷机构发展，简化审批程序，降低准入门槛与标准，鼓励更多的社会资本进入金融服务领域，解决实体经济，尤其是中小企业融资难等问题，促使民间

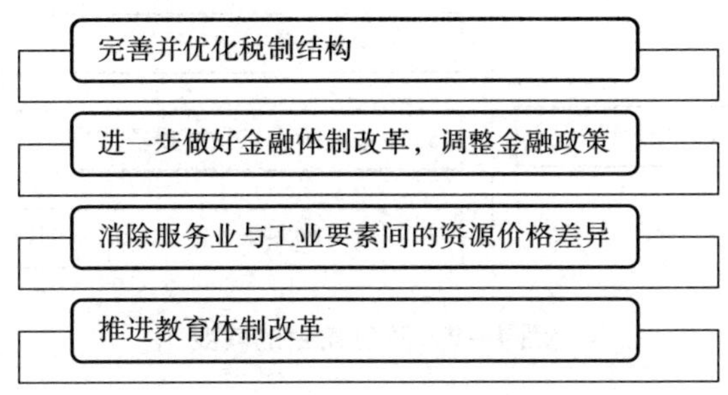

图 4－8　以结构性改革破题结构性矛盾

金融活动能够健康发展。

(3) 消除服务业与工业要素间的资源价格差异

一方面，“十三五”要制定合理的价格策略推进服务业发展，采用过渡式方法使服务业水电价格不断下降，使工业与服务业的水价、地价、气价逐渐趋同。

另一方面，经营性服务业水、电、气等产品的价格要以工业企业产品价格执行标准为依据，引导服务业与工业的资源要素价格逐渐趋同。

(4) 推进教育体制改革

现阶段，我国教育改革与教育结构调整仍比较落后。为了进一步推进教育体制改革，“十三五”要尽快将幼儿园教育纳入义务教育，尽快普及高中教育，允许部分地区推行 12 年义务教育。除此之外，还要进一步推进现代职业教育的发展，推动高等教育尽快转型升级，使我国的教育结构与经济转型升级相适应。

总之，推进教育体制改革，调整教育结构，是发展现代职业教育，推进教育改革的重大任务。

◆ 转变政府角色，适应经济新常态

(1) 深刻变革发展理念

“十三五”仍处于战略机遇期，我国经济仍大有可为，在此阶段，我国企业、社会、政府要做好自我改革，解放思想，使传统发展理念得

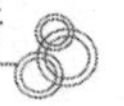

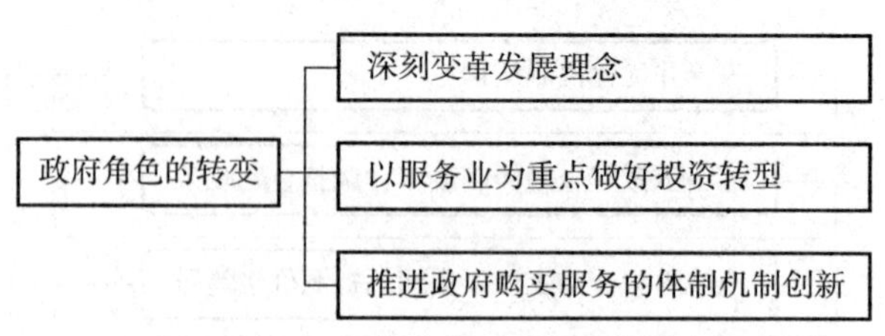

图 4-9　政府角色的转变

以有效转变。例如，要摒弃总量扩张模式，使经济实现公平、可持续的增长。仅依靠"总量取胜"方法我国很难升级成为服务业大国、服务业强国，要想成为服务业大国，必须做好创新、服务工作，必须注重服务质量。

再如，市场化程度低、恶性竞争是服务业面临的最大难题。在这种情况下，政府要把握服务业发展的客观规律，以公平、可持续发展为目标，打破服务业领域的行政垄断，营造一个良好的市场环境推进服务业发展。

（2）以服务业为重点做好投资转型

投资转型与政府改革密切相关。首先，在新的发展阶段，顺应消费结构升级的大趋势，让服务需求逐渐取代物质需求，加大在生活性服务领域的投资，如养老、文化、健康、医疗、体育等领域。

其次，从工业转型升级的角度出发，要围绕研发等生产性服务业加大投资力度。现阶段，虽然我国已推出一批重大项目，但生产性服务领域还有很大的市场发展空间与潜力，亟须面向社会资本推出一批涉及教育、金融、医疗、电信等领域的重大项目。

（3）推进政府购买服务的体制机制创新

在社会公共需求全面、快速增长的形势下，政府购买公共服务，一方面能有效提升公共服务质量与供给效率，另一方面能对新的市场服务进行培育和创造。在我国，虽然政府购买公共服务已成现实，并且已有相关的制度安排，但由于范围有限，体制创新滞后，仍不足以满足实际需求。

例如，2013 年，在全国财政支出与 GDP 中，政府采购规模占比分别为 11.7% 和 2.9%，在政府采购总额中，服务类采购占比达 9.4%。而欧美等发达国家的采购规模在财政收入中的占比为 30% ~40%，在政策采购规模中的占比超过 50%。由此可见，为了进一步推进政府购买服务，要尽快将公共服务纳入法律法规允许的采购范围，使政策购买公共服务规范化、制度化。

另外，要主动顺应社会公共需求的变化趋势。2014 年 12 月《政府购买公共服务管理办法（暂行）》发布，将政府采购范围进一步扩大到养老服务、公共卫生服务、残疾人服务、公共文化、体育、公共教育服务等领域。以此为基础，政策购买服务的相关制度要得以进一步规范与完善，以此为依据，到 2020 年，政府采购规模在财政支出中的占比要达到 15% ~20%，服务类采购在政府采购中的占比要达到 30% ~40%。

目前，在经济增长、转型、改革不断融合的形势下，在“十三五”期间，全面深化改革的时空约束性显著增强。与过去相比，这次改革前所未有地全面、深刻、复杂。

首先，在“十三五”改革的过程中经济增长新常态形成，在此过程中还涉及经济结构新常态、制度创新新常态、绿色发展新常态、利益结构新常态的形成；其次，在改革过程中不仅有经济领域的改革，还有政治、文化、社会等全领域的改革；最后，在改革的过程中，不仅增量利益得以合理分配，存量利益格局也能有效调整。

到 2020 年，工业大国要转型成为服务大国，既要对改革的历史定位与历史使命进行客观把握，又要强调改革的历史自觉，强化改革的历史信心，全面落实所有关于全面深化改革的战略。在“十三五”期间，这个思路要得以全面落实。

◎ 营造良好的行业政策体制环境

近几年，虽然我国开始鼓励社会资本进入法律未禁止的领域，但由于政策、体制等方面的制约，社会资本并没能发挥出对服务业发展的巨大推动作用。

例如，2015 年前三季度国内服务业固定资产投资占比为 56.1%，但主要集中在房地产市场，其他服务领域特别是与人们的服务型消费需求相关的服务业投资占比却很低——教育投资占比为 2.46%，卫生和社会工作服务市场的投资占比为 1.61%，文化、体育和娱乐领域的投资占比为 2.17%，公共管理、社会保障、社会组织的投资占比为 2.34%。

出现这种情况的原因，主要是现有的政策体制环境与服务业的发展诉求不相适应，从而严重阻碍了社会资本进入服务领域。总体来看，国内现行的一些政策体制主要是为了推动工业和重化工业的快速发展，而在服务业方面不仅没有起到促进作用，甚至形成了一定阻碍。以税收为例，当前我国尚未实现营业税向增值税的全面改革，也没有形成以消费税为主体的税收模式，这对打造以服务业为主导的产业结构造成一定阻碍。

因此，要加快服务型经济发展，必须深化结构性改革，构建有利于服务业发展的政策体制环境。

◆ 破题投资体制改革，加快投资转型，实现投资与消费的互动和融合

当前服务业发展的一大痛点是投资与消费处于失衡状态，与服务型消费有关的投资占比过低，导致服务市场供给能力有限，无法充分满足人们日益增长的服务型消费需求，自然也不能有效发挥出消费内需对服务型经济发展的推动作用。

因此，结构性改革的一个重要方向是打破消费型服务领域投资的政

策体制壁垒，利用政策导向促进社会投资转向，鼓励更多的社会资本进入服务市场，增强服务供给能力，通过投资与消费的交互强化推动服务业快速发展。

◆ 推进以消费税为重点的财税体制改革

税收是进行宏观调控、引导产业发展的重要手段。我国应加快以消费税为重点的财税体制改革，一方面，将消费税改为地方为主的直接税，以此促进地方政府改变“重投资、轻消费”的发展理念和模式，发挥消费内需对服务业发展的推动作用；另一方面，要加快营改增税收改革的全面落地，并定向减轻中小服务业企业的赋税压力，从而吸引更多的资本和企业参与到服务业发展之中。

◆ 深化金融体制改革，促进以社会资本为主体的中小金融机构的发展

发展服务业离不开金融方面的有力支持。我国应加快深化金融体制改革，降低金融领域准入门槛，支持民营银行、社区银行、互联网金融等多种金融服务规范发展，鼓励以社会资本为主体的各类创新性中小金融机构快速成长，加快构建和完善现代金融服务体系，使服务业企业特别是中小微企业能够在多层次资本市场中获得更有力的金融服务和资本支持。

◆ 调整教育结构，尽快发展与经济转型升级趋势相适应的职业教育

人才是当今时代最重要的资源，也是任何行业良性、快速、可持续发展不可或缺的要素。从当前来看，我国应深化教育改革，调整教育结构，加大对职业教育的重视与投入力度，并以此为切口推动教育的第二次改革，以社会人才需求为导向开展职业教育，实现教育模式从考试型、封闭性、行政化转向实用型、开放性、专业化，从而建立起能充分满足经济转型升级需要的职业教育体系，为服务型经济发展提供有力的

人才支撑。

除了上述措施，政府自身也要加快向服务型政府转型，加大简政放权改革力度，“让市场的回归市场”，减少不必要的行政干预，激发出市场和企业更大的发展活力；同时要找准时机全面推行负面清单管理，加快监管改革，建立“有法可依、有法必依”的法治化监管体系，引导服务产业走向高效、良性、可持续的发展轨道。

第5章

从“制造业经济”到“服务型经济”

5.1 实现从制造大国向服务大国的转型

◎ 转型面临的主要制约因素

在经济新常态下，我国传统以制造业为中心的粗放型增长模式出现越来越多的问题，需要重塑发展路径：大力发展服务产业，转换经济增长动力，从主要以制造业为中心、依靠出口和投资拉动的粗放型增长方式，转向以服务业为主导、依靠消费内需和创新驱动的集约型发展方式，最终实现从制造大国向服务大国的转变。

改革开放 30 多年来，虽然我国服务业获得了很大发展，但长期追求速度、偏重制造业的粗放型发展模式导致我国服务产业不仅与发达国家存在很大差距，即便与同等收入水平国家相比也相对滞后。

我国服务业存在供给不足、结构落后、在整体产业结构中比重较低、服务质量不高、竞争力较弱等诸多问题，成为整体经济持续健康发展的一大“痛点”。从宏观层面来看，制约服务业高效发展、阻碍我国从制造大国转向服务大国的因素主要有：

◆ 认识不足，观念落后

受传统马克思理论的影响，当前我国很多地区、部门和领域仍然认为服务业是一个不能创造价值的非生产性活动，因此将关注点主要放在工业、农业、建筑业、交通运输业等能够快速获得投入回报的物质生产

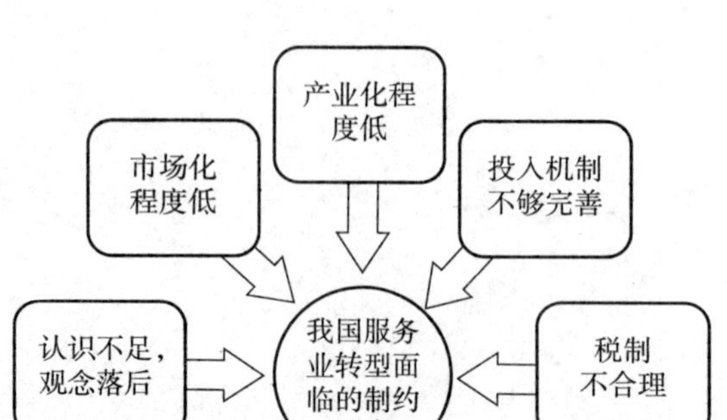

图 5－1　我国服务业转型面临的制约因素

部门，而仅把服务业视为公益性、福利性的内容。结果是服务业中的很多领域对政府投入的依赖性很高，缺乏"自我造血"能力。

◆ 市场化程度低

除了传统的批发零售、贸易餐饮、交通运输及部分社会服务业实现了市场化发展，很多服务业领域特别是一些潜力巨大的新兴服务业的市场化程度很低，政企不分、营利性与公益性混淆、行业垄断严重，无法利用市场的优化配置功能实现整个产业的快速良性成长。

例如，金融、保险、电信、航空铁路、教育、卫生、文化、体育、传媒等众多服务领域基本处于垄断经营、管制经营或限制经营状态，市场准入门槛很高，使得大量社会资本以及拥有更大活力的非国有企业被排除在这些服务领域之外。服务业的体制机制改革有待提速深化。

◆ 产业化程度低

虽然经过多年改革，企业"大而全"的现象有所减少，但大量服务性的内容仍然没有从家庭和企业中分离出来实现专业化、产业化运营。特别是很多生产性服务仍然由企业自身承担，不仅加重了企业的生产运营成本，而且制约了这些生产性服务业的产业化发展。

◆ 投入机制不够完善

当前，教育、卫生、文化、金融等诸多服务领域仍然存在严重的行业壁垒，极大地制约了社会资本的参与，不利于投资机制的优化完善，导致整体产业基础薄弱，缺乏活力。

◆ 税制不合理

税收机制的不合理也阻碍了服务业的长效发展。当前，我国对制造业征收增值税，对服务业征收营业税，但由于增值税无法在服务业中抵扣，导致重复征税，加重了服务业的税收负担。研究显示，我国第三产业的营业税比第二产业的增值税整体税负高了约 33%，这极大地制约了生产服务业的外包和产业化发展。

◎ 实现向服务大国的战略转型

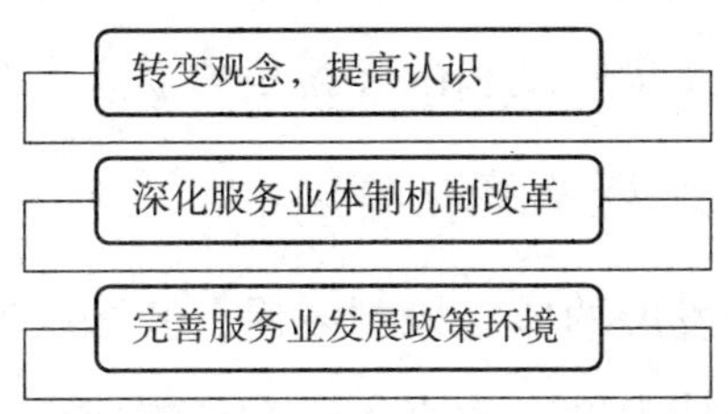

图 5－2 迈向服务大国的转型策略

针对上述痛点，我国要推动服务业的跃迁式发展、实现向服务大国的战略转型，需要从以下三个方面着重发力：

◆ 转变观念，提高认识

综观世界发达国家的产业结构，无不是以服务业作为国民经济和价值创造的主导产业。因此，大力发展服务业、将其从以往的产业支撑角色转变为主导产业，也是我国整体经济转型升级、打造更具国际竞争力和可持续发展能力的产业结构的必然要求。

相关数据显示，我国服务业在经济增加值与就业率上分别超过第二产业12.4个和8.4个百分点，已成为国民经济的主导产业，是拉动整体经济发展的主要引擎。

◆ 深化服务业体制机制改革

当前，我国要实现整体经济结构的转型升级，应将着力点放在深化服务业体制机制的改革上，为服务产业发展提供有力的政策、机制保障，允许并激励更多的社会力量参与服务业发展，拓展市场空间，从而化解当前服务业发展中一方面缺乏资金支持，另一方面大量社会资本受制于体制机制而无法参与的尴尬局面，深度激发服务业的内部发展活力。

在引入社会资本和非国有企业参与服务业市场的同时，我国也要着力培育一批极具竞争力的大型服务业骨干企业，重点扶持拥有自主知识产权、主业突出、跨地域、跨行业、跨所有制的大公司和企业集团，以提高我国服务业的产业集中度和国际竞争力。

◆ 完善服务业发展政策环境

除了扫清服务业发展的体制机制障碍，我国政府还需从更积极的角度加大对服务业的扶持力度，为服务业发展构建良好的政策环境。

（1）优化服务业发展政策环境，加大扶持力度。一方面，要实施积极的引导政策，吸引更多社会力量参与进来，加快服务业各领域的专业化、产业化进程；另一方面，在制定整体产业政策时要进行必要的政策倾斜，将服务业特别是新兴服务放到优先发展的战略地位，推动这些行业快速成长成熟。

（2）深化财税改革，减轻服务业的税负压力。加快营改增税收改革，避免重复征税，降低小微型企业和个体户的税负负担，建立有利于服务发展的税收制度；对一些重点扶持的服务行业提供差别税率、税金减免、先征后退等更多税收优惠政策。

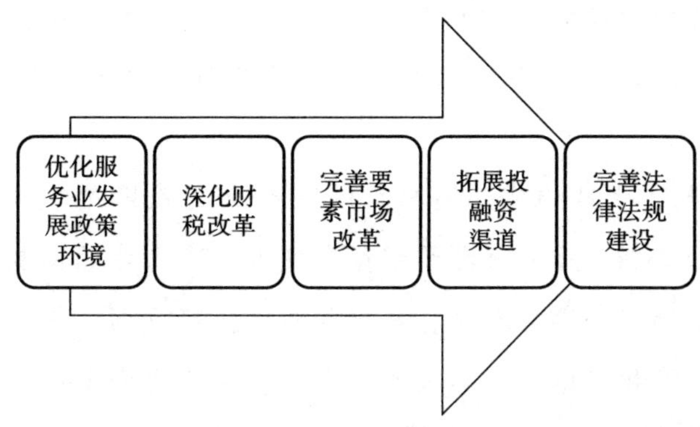

图 5-3 完善服务业发展政策环境的五大措施

（3）完善要素市场改革，增强对服务业的要素供给能力。如在水、电、气等方面与工业同价，减少服务业运营成本；加大对服务业的供地支持，优先满足重点建设的服务业项目。

（4）拓展投融资渠道，尽力解决服务业发展中的资金困境。放宽服务业准入标准，鼓励引导更多的社会资本参与服务业各个领域，打造多渠道、多层次、多形态的服务业投融资模式；鼓励跨国公司参与国有服务业企业的改造重组，提高服务业的外资利用规模和能力。

（5）完善法律法规建设，引导服务业进入良性可持续的发展轨道。政府要减少对服务业具体运营过程的介入，放开价格管制，强化作为市场监管者的角色，提高服务业的市场化、产业化水平。

此外，借助整体经济转型升级的趋势，我国还需要从以下方面着力发展服务业：

★ 通过新型城镇化建设拓宽服务业发展载体，为服务业提供更大的发展想象空间。

★ 通过对外开放倒逼传统服务业的优化变革，为新兴服务行业拓展更大的市场空间。在全球经济一体化的大背景下，我国服务业也要加大开放力度，一方面，逐步放宽银行、保险、证券、电信、旅游、医疗、教育、审计、国际货运代理等众多服务领域的外资准入门槛；另一

方面，鼓励有实力的服务企业积极"走出去"拓展国际市场，参与到全球服务业产业链的合作与竞争之中，提高服务贸易在总体贸易中的比重。

★ 通过人才战略构建创新驱动的服务业发展模式。一方面，加快完善人才激励机制，建立有利于培育和发现优秀人才的体制机制，在全社会塑造尊重知识、尊重人才、鼓励创新的良好氛围；另一方面，以前瞻性的战略思维积极培育各类服务业人才，将人力资本投入提升到战略优先地位，通过各种政策倾斜培养出一批能够满足国内与国际服务业需要的高素质专业人才，为我国服务业发展提供有力的人才支撑。

最后，以更加开放的心态大力引进海外服务业优秀人才，利用全球人才资源促进我国服务业的跃迁式发展。要从以往注重资本引入逐步转向人才智力资源的获取，通过多种方式吸引更多海外服务业的研发、管理等高端人才为我所用，从而为服务业构建创新驱动的发展模式奠定坚实的人才基础。

◎ 传统制造业的两大发展趋势

以往，制造业只负责进行产品输出，近年来，个性化定制模式兴起，在传统制造领域得到应用，企业也越来越重视自身服务体系的完善。随着信息化水平的提高，制造企业输出的产品也更加智能化。

例如，智能光源代替传统的灯具，联网汽车代替传统汽车等。与此同时，企业能够对消费者数据进行及时收集与分析，据此对现有产品做出调整，更好地服务于消费者。不仅如此，随着企业服务水平及服务质量的提高，消费者体验也得到大幅提升，会重复购买产品，成为粉丝用户。未来，传统制造业将会逐步提高信息化水平，并借此实现企业的转型升级。

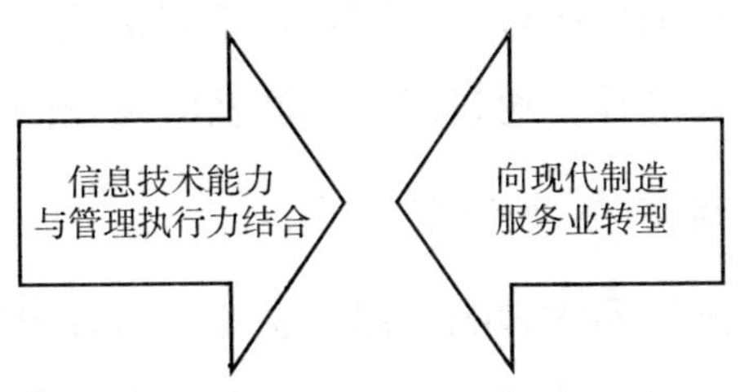

图5-4 传统制造业的两大发展趋势

◆ 信息技术能力与管理执行力结合

(1) 信息技术的发展为企业带来更多收益

信息技术的发展能够增加企业的利润获得，体现在如下几个方面：部分企业通过电子商务平台进行更大范围的市场开拓；部分企业将设备运行状态及相关数据上传到微信平台，使检修部门能够及时发现问题，采取应对措施；数字化技术的应用，使企业能够扩大生产规模；数据库的搭建及完善，能够为企业的采购、生产及营销提供更多数据参考。

(2) 较强的管理及执行能力降低企业风险

擅长管理、能够高效执行的企业，在制定确切阶段性目标的前提下，能够严格按照原定计划执行，在发展过程中逐步提高企业的信息化水平，并加速企业整体运转。另外，在投资过程中，这类企业会慎重选择与自身发展方向相符的项目，其投资更加理性，更关注那些具有实力基础、经过市场验证的项目，从而降低投资风险。

(3) 国内智能制造拥有广阔的发展前景

近年来，“互联网+”行动正在深入开展，“互联网+传统制造业”突破了企业原有的发展模式，丰富了产品的种类，推动了传统制造业的转型。

互联网与机床结合：用智能机床逐步代替传统模式下的数控机床；

互联网与汽车结合：实现车联网，可自动驾驶，汽车后市场的运营也可突破传统模式的限制，实现智能化发展；

互联网与工程机械的结合：能够获取工程机械设备的具体位置，利用网络系统进行远程监控，通过线上诊断及时发现问题。

◆ 向现代制造服务业转型

如今，受到经济因素的影响，加上企业战略方向的要求，越来越多的传统制造业正寻求自身转型，致力于成为制造服务业。一方面，服务的提供能够提升企业的利润空间，不仅能增加企业的整体收益，还能节约其成本消耗；另一方面，在服务提供过程中，企业能够精准定位，获取消费者需求，从而提高自身服务的针对性，并依据消费者的反馈信息进行产品优化，从而维持企业的优势竞争地位。

◎ 传统制造业的进阶升级路径

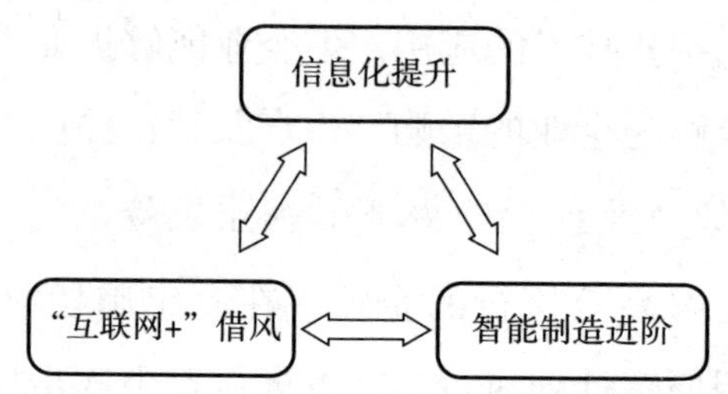

图 5－5　传统制造业的进阶升级路径

◆ 信息化提升的落地

（1）提高企业在采购、产品设计、研发、营销等环节的信息化水平，使企业的整体运营与市场需求相符；

（2）利用信息化技术，完善不同环节的主导流程，对不同流程的关键要素进行梳理；

（3）加强不同环节之间的互动与合作，建立统一的数据格式，实现不同环节间的信息共享；

（4）根据企业的具体发展情况，逐步整合不同业务系统的关键流程。

当企业具备足够的实力之后，可在优化自身运营系统的基础上，与产业链上其他环节的企业进行合作，一方面，借助于信息网络技术，实现不同环节企业之间的配合，突破传统业务模式的限制；另一方面，通过大数据、移动通信技术，在分析客户数据的基础上，挖掘其核心需求，为消费者提供定制化产品，提升用户体验。

◆ 智能制造进阶

（1）分析智能制造行业的发展现状，把握传统制造业在智能化的影响下将趋于何种发展方向；

（2）在充分了解行业大环境的前提下，明确自身的优势所在，以及在后续的智能化发展过程中可能出现的问题；

（3）仔细研究企业价值链的所有环节，衡量不同细分市场的发展潜力及需要面临的挑战，对企业的核心价值来源渠道（包括产品、服务、信息价值等）有着清晰的认识；

（4）根据前三步的分析，制定企业智能化发展战略，明确企业今后要在哪些领域展开布局，如智能化管理、智能产品制造、智能服务、智能设备等，了解战略实施过程中应具备的技术条件及硬件产品，包括 3D 打印机、智能传感器、工业生产机器人等，明确技术来源渠道，包括对外引进，或者独立打造，对智能化的收益与风险进行衡量，并进行准确的市场等位，采取合理的产品推广措施，制定产品价格。

◆“互联网 +”借风

（1）在明确企业发展方向及自身竞争优势的前提下，寻求适合自己的商业模式。如果企业拥有较强的实力，则可采用平台化运营方式，在具体实施过程中，既要与其他企业加强合作关系，扩大平台的覆盖范围，又要聚焦于产品研发。此外，借助平台优势与客户进行深入交流，获取消费者需求，采用定制化生产模式，突出产品特色。如果企业本身

的业务规模较小，实力有所欠缺，可联手第三方平台，推出自己的应用，也可以与同领域内的其他企业联手进行平台打造，通过平台化运营扩大品牌覆盖范围，从而推动自身发展。

（2）通过互联网技术的应用，凸显企业的竞争优势，对企业的主导价值来源进行优化。其价值来源通常由产品生产、产品销售及推广、服务完善等共同组成。举例来说，在产品生产环节，通过互联网与机床的结合，对整个生产过程进行实时监控，及时发现问题，并采取有效的应对措施；在产品销售及售后服务环节，通过互联网与工程机械的结合，获取消费者的核心需求，为其提供信息咨询、线上交易及产品配送等一体化服务，还能通过信息网络系统提取工程设备的位置信息，掌握其当前的运转情况，在出现问题时可进行远程诊断及维修。

（3）经营者应该对主导价值来源的成本消耗及收益情况有所把控。例如，在探索全新商业模式的过程中，企业应提供足够的人力资源及资本支持，企业要经过较长时间的积累，才能获取粉丝用户，为此，企业应利用网络信息技术，加强自身的成本控制，在短时间内获取更多的用户，提高用户依赖性，并凸显平台的价值。

5.2 服务型制造：提升制造业核心竞争力

◎ 生产型制造到服务型制造

当前，生产性服务业已成为全球经济中最具活力、增长最快的领域，制造业服务化成为新常态下制造业发展的重要趋向，并由此催生了服务型制造、生产服务业、制造即服务等创新模式。

具体来看，服务型制造是指通过产品与服务融合、客户全程参与、企业相互提供生产性服务和服务性生产的方式，将分散化、碎片化的制造资源有效整合协同起来，构建一种开放、协同、高效、创新的制造模式，实现价值链中各环节的价值增值以及企业核心竞争力的提升。

服务型制造业的主要模式是业务流程外包，外包业务可以是生产、营销、设计、开发、信息、保养等各个环节，主要是企业基于自身情况将非核心价值和竞争力的业务外包给专业第三方机构，以实现整体效率的提升。因此，服务外包是一种效率型经济，有利于实现整体价值链不同环节企业的协同合作。

传统观念将制造简单地理解为生产加工，其实制造还包括服务部分，即“制造 = 生产 + 服务”。同时，随着整个社会向服务经济、体验经济转型，制造中的服务价值越发凸显，处于整个价值链的高端，而生产加工环节则在价值低端。

具体来看，生产加工环节创造的价值在整体价值中的占比只有 1/3，

其余价值则主要由服务环节创造；时间方面，生产过程的时间占比约为10%，而服务过程时间占比高达90%。从这个角度去分析我国的制造业状况，也就不难理解为何我国只是制造大国而非制造强国——整个制造业仍受到传统理念以生产加工为中心的影响，没能进行服务化转型。

制造业服务化主要表现在三个方面：

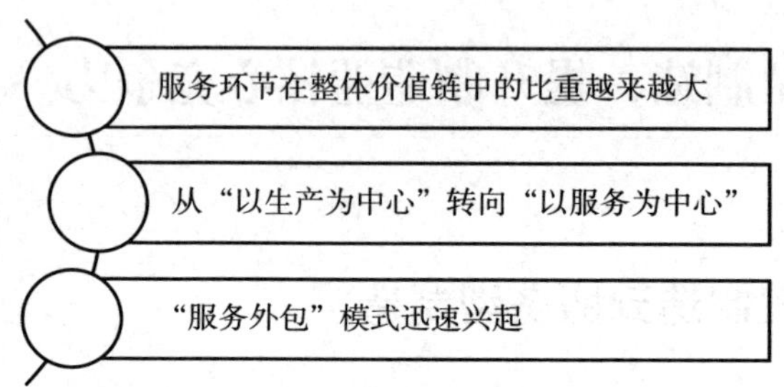

图5－6　制造业服务化的主要体现

（1）服务环节价值在整体价值链中的比重越来越大，重要性不断提升。特别是20世纪后期的一系列经济变革，加快了制造业与服务业的融合，很多传统制造企业逐渐摆脱以往"制造即生产加工"的局限，将重心放在服务方面，试图借助服务这一更易于实现差异化的"产品"在同质化的市场竞争中建立优势。

（2）越来越多的优秀制造企业从"以生产为中心"转向"以服务为中心"。即制造企业不再只关注产品生产这"一亩三分地"，而是将目光投向了市场调研、产品开发改进、生产制造、销售、售后服务等产品的整个生命周期，从而模糊甚至消解了传统意义上制造业与服务业的界线。

（3）"服务外包"模式迅速兴起。制造企业越来越青睐于将产前、产中、产后等服务功能剥离出来，将一些非核心服务外包给专业性第三方，借助众创、众包、众智、众筹等大幅提高自身的资源汲取与整合能力，实现更好的生产服务。

同时，制造企业服务外包需求的不断增多也推动了生产性服务企业的大量涌现。这些专门提供生产服务的企业通过技术产品研发、软硬件开发、人员选聘与培训、管理咨询、金融支持、物流服务、市场营销、售后服务等全流程服务，有力推动了现代服务业的快速发展，成为新的经济增长点。

总体来看，与传统制造模式相比，服务型制造的特点包括：

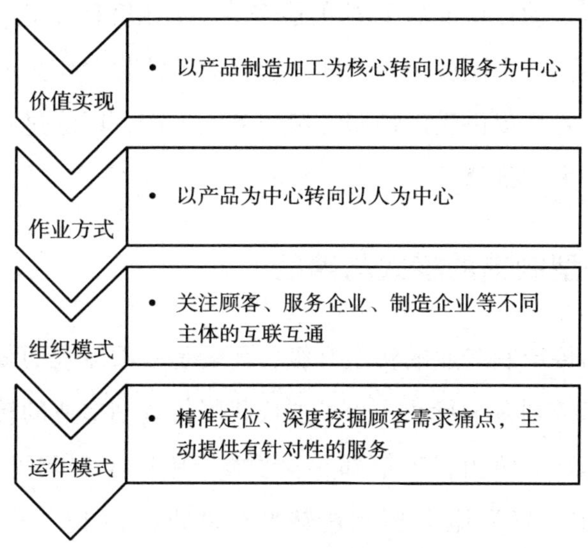

图5－7　服务型制造的主要特点

（1）在价值实现上，从传统的以产品制造加工为核心转向以服务为中心，即将产品作为一个平台和载体，借此向用户提供丰富多元的服务甚至整体解决方案，为人们创造更大的价值，也使自身获取更多收益。

（2）在作业方式上，从以产品为中心转向以人为中心，真正体现客户的"上帝"地位，强调从顾客角度出发深度挖掘服务制造链中的需求痛点，从而实现柔性化、个性化甚至定制化生产和服务。

（3）在组织模式上，服务型制造的覆盖范围虽然更广，但并不追求纵向一体化，而是以开放、共享、协作为基本理念，关注顾客、服务企业、制造企业等不同主体的互联互通，让不同主体通过价值感知主动

参与到服务型制造网络系统中，在动态协同中实现资源的优化配置和高效利用，最终构建出兼具稳定性、灵活性和创造性的服务型制造网络生态系统。

（4）在运作模式上，服务型制造强调主动服务，即通过多种方式主动将顾客引入产品制造和应用服务过程，精准定位、深度挖掘顾客需求痛点，进而主动提供有针对性的服务，"做顾客所未言"，从而大幅增强客户好感度与忠诚度。企业间还要以业务流程合作为依托，主动为价值链上下游客户提供生产性服务和服务性生产，以通过互联互通、共享协同创造更大的价值。

◎ 服务型制造的模式与路径

推动我国传统制造业的转型升级，无疑是一项庞大而复杂的系统工程，它需要牵扯到多个行业。为了加快我国传统制造业的转型进程，提升制造业的国际竞争力，工信部、发改委、中国工程院于 2016 年 7 月 27 日共同发布《发展服务型制造转型行动指南》(以下简称《行动指南》)。《行动指南》对作为我国制造业转型三大方向之一的服务型制造转型进行了详细规划，对服务型制造模式的重要价值进行了突出强调。

《行动指南》中指出，到 2018 年要打造出满足制造强国战略落地需求的服务型制造市场格局，培育出 50 家具备较强行业影响力与服务能力的示范企业；扶持 100 个有较强带动作用、具有高服务水平的示范项目；建立 50 个高效运转、功能完善的公共服务平台；筛选出 5 个服务特色鲜明、基础配套设施完善的示范城市，并使示范企业服务创造的价值占据其销售收入的 30% 左右。

◆ 引导制造与服务融合发展

服务型制造是未来制造业发展的一大主流趋势，也是确保生产性服务业能够健康稳定发展的重要手段。虽然服务型制造是一种新兴业态，

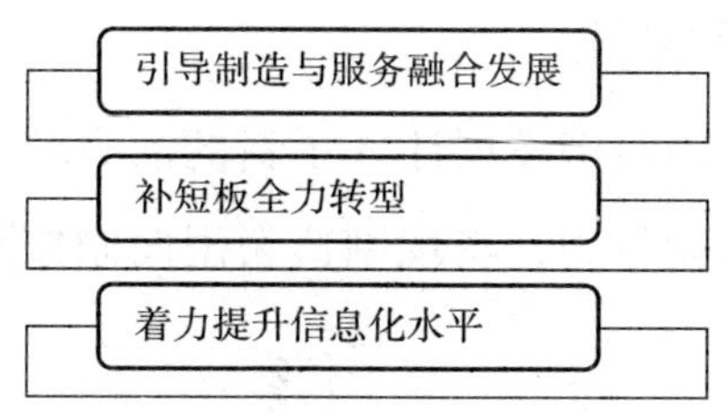

图 5－8 服务型制造的模式与路径

但它在我国制造业的各个环节都已经得到了一定程度的应用。面对消费需求不断升级，以及国际巨头的强烈冲击，发展服务型制造将是我国制造企业的必然选择。

对于服务型制造这个新兴业态，学术界并未给出明确定义。在《行动指南》中，服务型制造被视作：将制造与服务融合发展的创新业态，是我国传统制造业转型升级的一大主流方向。

为了发展服务型制造，制造业企业需要对自身的运营管理方式、商业模式、组织结构等进行有效调整，通过服务创新进一步扩大产业链的深度和广度，以“制造＋服务”取代简单的加工组装，以“产品＋服务”革新单一的销售产品，这将有效提升其自身的价值创造能力与市场竞争力。工信部产业政策司负责人对服务型制造提出了以下三点：

（1）从产业形态角度看，服务型制造作为一种将制造与服务深度融合的新兴产业形态，其在优化产业结构，推动制造业转型，提升我国第二产业与第三产业发展水平等方面具有十分关键的作用。

（2）从融合方式角度看，服务要素不但要在制造的投入环节发挥作用，更要在产出环节发挥作用，简单地说，就是要发展以制造为基础的服务，同时也要探索和服务无缝对接的制造。

（3）从商业价值角度看，服务型制造不仅强调拓展价值链的长度，更要提高价值链的整体价值。

◆ 补短板全力转型

服务型制造为我国经济发展注入了新的活力和动力，对提升国内产品和品牌在市场中的竞争力，实现制造大国向制造强国的转变打下了坚实的基础。

以前，受益于我国的人口红利，制造业企业能够向全球市场源源不断地提供物美价廉的产品。但由于产品缺乏科技要素与创新要素，我国制造业企业长期处于国际产业价值链的低端环节，投入了大量的人力、物力等资源，得到的价值回报却低得可怜。在我国人口红利逐渐消失，土地、厂房、设备等成本快速增长的局面下，我国的制造业企业更是面临着巨大的潜在危机。

发展服务型制造强调要以创新为驱动，提升制造水平与生产效率，拓展更多的增值服务来有效提升客户价值。这将有助于促使我国制造业企业构建出强大的核心竞争力，从国际产业价值链的低端环节迈向中高端环节。

产业分工的精细化与专业化，有效推动了一批制造业企业成功转型为服务型制造业企业。而随着信息化建设的不断完善，制造业企业能够探索的增值服务具备了更为广阔的想象空间。

在我国经济低端产能严重过剩的同时，高端产能方面也相当匮乏，前者带来了严重的资源浪费，后者则造成海外品牌在国内市场形成垄断，从而赚取了高额利润。要想确保我国经济能够持续稳定发展，需要实施供给侧结构性改革，引导一批制造业企业从同质化竞争与价格战泛滥的低端产业中挣脱出来，不再仅提供简单的产品与设备，而是更加注重产品全生命周期服务、提供各种服务解决方案。

◆ 着力提升信息化水平

《行动指南》指出，要通过提升设计服务、制造效能、客户价值，并进行服务模式创新，来提升价值链的深度和广度。信息化水平的提高对制造业企业的发展具有十分重大的意义，个性化定制、产品全生命周期服务、网络化协同制造服务等具备更高溢价能力的增值服务，都是建立在企业实现全面信息化的基础之上。

服务型制造迎合了智能制造与绿色制造的发展趋势，它更加强调提升企业的价值创造能力，围绕制造及产品开发服务。国内部分服装企业及装备制造企业正在积极探索定制化服务，甚至有些已经取得了不错的效果，但是柔性制造能力不足、定制层次相对较浅、定制成本过高、交货周期相对较长等问题仍然普遍存在。

云制造服务与信息增值服务在未来将爆发出巨大的能量，这种制造型服务的客户主要是那些专注于细分领域的中小企业。这将使中小企业能够借助大型制造型服务供应商提供的工业云服务，参与到更多的价值创造环节中来，承包海内外企业级客户的非核心业务，对我国经济的发展具有十分重要的意义。

◎ 制造业服务化转型的新动向

经过近 40 年的快速发展，我国已成长为制造业大国，“中国制造”风靡世界。然而，我国制造业的快速发展是以资源、人力的高投入为支撑的，粗放型的增长模式导致我国制造业“大而不强”，以低附加值的生产制造为主，在全球产业链和价值链中处于中低端，缺乏核心竞争力。

同时，随着我国逐渐步入经济转型升级的关键期，以往发展中积累的矛盾全面爆发出来，如何实现传统制造业的转型升级，从制造大国走向制造强国，已成为实现经济可持续发展的主要瓶颈。从全球范围特别是发达国家的发展经验来看，推动制造业与服务业的深度融合，实现传统制造业的服务化转型，是增强制造业核心竞争力的必然路径。

制造业服务化是指企业从以产品生产为中心向产业链两端的服务增值环节延伸，从单一的产品提供者转变为集成服务提供商。在制造产业

价值链中，中间生产制造环节的附加值较低，两端的设计与销售环节则有着较高的附加值。企业从中间的产品制造向产业链两端拓展，在产品之外为客户提供更多的专业服务，其最终目的是提高产品附加值，让客户更加满意自己的产品，增强产品竞争力。

从产品制造为中心向产业链两端的增值服务拓展，必然会推动整个制造业的结构和运营从以产品为中心转为以提供产品和增值服务为中心，而这正是中低级制造业走向高级制造业的重要表征——企业关注的不再只是产品的生产制造，而是将目光延伸到产品的整个生命周期；为客户提供的不再只是单一的产品，而是包含产品、服务、支持、自我服务、知识等众多内容的"集合体"。

制造业服务化的覆盖内容十分广泛，既包括产业链前端的产品研发设计、市场研究、咨询服务等，也包括产业链后端的零部件定制服务、集成服务、整体解决方案、设备成套、工程总包、交钥匙工程、再制造、第三方物流、供应链管理优化等。

从世界范围来看，制造业服务化转型是突破传统制造产业发展瓶颈、构建企业核心价值和竞争优势、实现可持续成长的必然要求。IBM（国际商业机器公司）、GE（通用电气）、NIKE（耐克）、Rolls-Royce（罗尔斯·罗伊斯航空发动机公司）、米其林轮胎等众多知名跨国企业集团，都是通过从传统制造向制造服务业的转型升级实现了自身的跃迁式成长。

例如，IBM 公司通过 10 余年的业务拆分整合，从单纯的硬件制造商成功转型为全球领先的"硬件、网络和软件服务整体解方案提供商"。面对日益激烈的电脑硬件市场竞争，IBM 果断将其个人电脑硬件制造业务出售给其他企业，转而集中全部资源深耕 IT 服务。当前，IT 服务所创造的收益在公司全球营收体系中的占比高达 55%。

再如，全球著名运动品牌耐克公司并不自己生产产品，而是通过虚拟化策略将此业务外包给拥有大量廉价劳动力的生产制造工厂，公司本身则专注于产品设计、市场营销和品牌维护等高附加值环节，从而牢牢占据着价值链的顶端。从这个角度来看，耐克公司虽然属于制造企业，但其运营重心却是服务业。

制造业服务化转型包括两种基本模式：一种是核心技术服务化，如米其林、耐克等公司，通过重塑自身产业链，将经营重心从传统的加工制造转变为提供产品研发、市场营销、流程控制、客户管理等生产性服务，以制造业为基础发展服务业，从制造型企业转型为生产性服务提供商。

另一种则是通过多元化业务布局的战略转型发展服务业。在瞬息万变的互联网商业时代，很多大型企业集团开始将目光跳出原有的主营业务范围，敏锐地抓住具有广阔前景的新兴领域，积极培育和拓展新的业务部门参与这些新兴市场，而原有的主营业务则逐渐减少甚至退出，以此实现公司的服务化转型。

以世界上最大的技术与服务提供商 GE 为例，该公司一方面减少原有的电器电子业务，另一方面则大力拓展医疗、金融等有着巨大想象空间的高增长业务，借此完成服务化转型，成为比较出色的实现多元化发展的公司。

◎ 制造业与服务业深度融合

从国内来看，虽然制造服务业是一个处于起步发展阶段的新兴领域，但在经济转型升级大势的推动下，越来越多的企业认识到了服务化转型的重要性，一些企业也明确提出要将业务运营重心从传统的生产制造转为制造服务业。例如，早在 2010 年海尔集团就提出要将大部分的家电生产制造业务进行外包，以集中更多的资源精力专注于产品研发设计和渠道服务，实现自身的服务化转型。

此外，随着体验经济时代下市场对各类服务需求的快速增加，一汽大众、宝钢、武钢等大型企业集团原有的信息化服务部门也逐渐发展为

独立运营的专业服务公司，为社会提供金融、物流等优质服务，成为企业新的增长点，并由此催生了一汽启明、宝钢宝信、武钢自动化、东风东浦等众多制造服务企业。

政策层面，政府也出台了诸多鼓励制造服务业发展的相关政策。例如，早在2007年国务院发布的《关于加快发展服务业的若干意见》中，就着重强调要加大对生产性服务业发展的支持力度，推动制造业与服务业的深度互动与融合，以实现传统制造产业的转型升级。2009年国务院出台的《装备制造业调整和振兴规划》提出，到2012年大型企业集团的销售收入中，现代制造服务业务的占比要超过20%。

除了中央政府，行业协会、地方政府也制定了制造服务业发展的目标规划或鼓励政策。例如，中国机械工业联合会提出，到2013年机械工业总收入中制造服务业的占比要有显著提升，部分大型骨干企业的比例要达到20%左右。

上海市不仅发布了《上海发展面向制造业的服务业工作方案》，还积极利用互联网信息化手段帮助装备制造企业开展海外工程承包业务，培育和拓展工程设计、安装维修、再制造等增值服务，从而推动企业从单纯的产品制造商转变为提供系统解决方案的集成服务商。

虽然越来越多的企业认识到了发展制造服务业的重要性，而且一些企业已经开始这方面的转型布局，但总体来看仍处于起步阶段。这主要表现在两个方面：

一方面，装备制造业从生产制造环节向集成服务拓展转型的力度不够，受到诸多因素的制约。例如，虽然国内装备制造业的产品研发和技术创新能力不断提高，但在价值链拓展、集成服务、整体解决方案、零部件定制服务等众多生产性服务方面十分欠缺，也尚未出现大量专注于提供集成服务和系统解决方案的企业。

另一方面，实力雄厚的大型企业集团仍然拘泥于短期利益诉求，在新兴产业领域中的拓展力度不足，自然也无法真正通过多元化战略布局转型制造服务业。例如，很多企业集团对能够快速获取大量利益的房地产领域十分感兴趣，但对需要长期深耕沉淀的医疗健康、消费、金融服务等新兴高增长领域的开拓发展力度却明显不足。

之所以如此，一方面是受制造业整体发展阶段的制约。发展制造服务业的关键是企业拥有独特的核心技术，能够提供差异化、个性化的集成服务。然而，我国制造业总体上依然是大而不强，缺乏技术、资金和行业话语权，不能为用户提供具有独特优势的产品和服务。这就导致企业最多只是参与集成服务的一部分工作，而难以独立为用户提供系统解决方案。

另一方面，企业在转型过程中缺乏足够的资金支持和风险抵抗能力。其实，在经济新常态下，多数企业都有服务化转型升级的强烈意愿，也十分希望能够参与到有着巨大发展空间的新兴产业中。但是，新业务的培育和拓展既需要大量的资金投入，又无法在短期内获得回报，且要面临技术开发风险、市场风险、经营风险等众多风险，这就导致很多企业在发展制造服务业上裹足不前、患得患失。

制造业服务化转型是总体经济结构转型升级、从制造大国走向制造强国的必然要求。不过，正如上述提到的，受到制造业发展阶段和企业自身条件能力的限制，我国的制造服务业仍处于起步发展阶段。因此，从宏观政策层面发力，鼓励大型制造企业集团和装备制造业加快发展生产性服务业，就成为当前推动制造产业转型升级的重要举措。

一方面，虽然很多企业已充分认识到了发展制造服务业的必要性和紧迫性，但要将这种认识转化为具体行动，还需要政策层面的有力支持。各级政府要将制造服务业作为经济新常态下的重点扶持产业，将其纳入先进制造业发展规划纲要和现代服务业发展规划纲要中，不断加大对制造服务业的扶持力度，从而为企业的制造服务业转型提供有利的政策环境。

另一方面，企业发展制造服务业不仅要投入大量资金，还面临着诸

多不确定性风险，仅靠自身很难完成。因此，政府要引导银行向企业提供更多的低息贷款，鼓励互联网金融等各类创新金融服务的发展，通过构建多层次、多元化的资本市场为企业发展制造服务业提供充足的资金支持。同时，还要加快建立和完善制造服务业领域的风险防范机制，通过引入风险投资基金有效分散企业服务化转型风险，解决企业的后顾之忧。

5.3 传统制造企业的服务化转型策略

◎ 协调动力因素，实现服务创新

近年来，全球化进程不断加快，与此同时，科技力量的渗透作用也日益明显，随之而来的，是人们消费水平的提升与需求方式的变化，在商业领域，创新能力与消费体验的重要性逐渐突显出来。

在这种大趋势下，全球范围内的制造企业都开始重视服务体系的发展与完善。在 20 世纪 90 年代以前，工业在全球产业生态中占据主导地位，如今，伴随着经济一体化与信息科技的快速发展，服务业在整个产业生态中所占比重不断增加。

数据统计显示，1960 年，全球服务业在全球 GDP 中的贡献率为 40%，到 2013 年，服务业的贡献率比 1960 年提高了 30%，足以证明全球产业结构的变化。为顺应全球产业经济的总体发展趋势，无论是学术领域还是商业领域，都开始聚焦于"服务创新"的研究与探索。

面对同类企业及产品的竞争，很多国内制造企业都习惯于通过调整产品价格来争夺市场，通过优化产品及自身服务来突出自身特色，从而在竞争中取胜。但从制造业发展的角度来分析，长期依赖于价格竞争可能会给国家产业经济的转型带来不利影响，还会对整体经济社会的稳定发展造成干扰。

为促进产业升级，以联想、海尔为代表的国内企业开通线上交易平台与信息服务平台，体现出国内制造业对服务类项目的重视。但无论是服务意识还是服务理念，国内制造业都远不及西方发达国家的同类企业。根据权威数据统计，国内制造企业的服务类项目在所有项目中占比低于1%，而欧洲国家的服务类项目占比要比我国高出5%以上。从中能够看出，国内制造企业仍需加强服务类项目的建设与发展。

对制造企业而言，要加强服务创新，就要以科学发展观为指导，从战略层面推动企业创新与转型升级，并在发展过程中进行战略优化与调整，不断完善自身产业结构，在提高自身可持续发展能力的同时，努力做到节能减排，提高工业发展的现代化水平，加强生态文明建设。另外，还要积极学习西方发达国家的创新经验，根据我国当前的发展情况，着力打造"服务型"政府，在公共服务体系建设方面加大投资力度，从体制方面推进国内制造企业的转型升级。

除此之外，企业还需对自身服务模式进行升级，建设不同于其他制造企业的个性化服务体系，提高企业整体竞争实力。随着加入到制造领域的企业不断增多，企业要想在激烈的市场竞争中掌握更多的话语权，就要在发展过程中不断更新服务模式，通过提供优质的服务，促成企业与客户之间的合作。所以，企业需要在认清外界形势的基础上，采用恰当方式应对来自市场的挑战。

为推进服务创新，一方面，制造企业需明确自身存在的优势与缺点，从整体发展规划来考虑，在企业内部形成鼓励服务创新的整体氛围，为成功实践者提供相应的奖励，通过机制建设与完善促进服务创新。

另一方面，制造企业需要牢牢把握市场需求，关注竞争对手的进展情况。因为市场环境是瞬息万变的，顾客需求也会随之发生改变，企业需要及时了解并把握市场需求，通过资源整合，找到恰当的着力点，协调各种动力因素，集中力量推进服务创新。另外，竞争现象是复杂而快速变化的，制造企业应该转变传统的思维方式，从更加长远的发展角度来分析当前所处的竞争形势，在应对市场变化的同时，还要通过科学管理及运营实现企业价值。

◎ 以客户为中心，建设服务文化

制造企业要进行转型升级，就要在原有基础上进一步拓展自身价值链，为此，企业既要加强对服务创新的战略管理，还要围绕客户的个性化需求展开运营。为顺应时代进步与发展的需求，制造企业未来应趋向于服务化发展，以此来推动开放型服务创新战略的实施。在传统模式下，制造企业多站在自身的立场来判断产品的价值，其注意力主要集中于产品的性价比，而往往忽略了消费者的体验。

如今，与本身不注重服务创新的制造企业相比，在运营过程中切实推进服务创新的企业更具优势，后者能够向市场推出独具特色的优质产品，实现企业的快速发展。不仅如此，推进服务创新的制造企业，还能够带动整个领域的发展，将达不到行业准入门槛的企业排除在外，优化整个市场环境。

从全球范围来看，目前的整体经济形势仍不容乐观，制造企业需加大对科技研发的资源支持力度，借助先进的技术与管理理念，利用科技创新为产业结构的优化调整提供新的思路，并通过自身的发展为整个行业乃至全球经济的发展做出贡献。

以生物医药、人工智能、新能源开发为代表的新兴战略产业吸引了诸多国家及地区的参与，各国在科技创新领域纷纷展开布局，并努力抢占先机。在这种发展大势下，国内制造企业需要认识到先进管理理念与现代通信技术的价值所在，通过改革传统思维模式推进自身的服务创新，在发展过程中推动自身服务体系走向成熟。另外，制造企业需通过机制体系的完善，为企业创新提供保障，降低企业的运营风险。

在企业的整体服务模式中，客户服务文化占据着核心地位，若企业在运营过程中未重视对服务文化的积累与沉淀，企业的服务模式就难以

突显其差异化竞争优势。每个企业都拥有自身的价值理念，并对员工的行为起到指导作用，而企业的价值理念则集中体现为企业文化。企业在打造服务文化时，需处理好服务文化与企业文化之间的协同关系。

作为企业文化不可缺少的组成部分，客户服务文化既能增加企业文化的内涵，还能进一步突显企业的竞争优势。所以，企业需要重视客服文化的打造，在具体实施过程中，要使企业管理层人员起到带头示范的作用，在日常管理过程中提高员工对客户服务的重视程度，以客户为中心开展各项工作，通过统一培训提高员工的专业水平，激励员工发挥创新思维，提高员工的积极性与主动性。

◎ 推动服务外包产业的转型升级

近年来，服务外包产业在推动我国服务业转型升级中扮演的角色越发重要。随着科学技术的持续突破与基础配套设施的不断完善，我国服务外包产业走上了从成本中心转变为利润中心的转型之路。移动互联网、物联网、大数据、云计算等高科技技术在各个行业应用的不断深入，为服务产业的产品创新及技术升级提供了强有力的支撑。

在全球经济持续低迷、我国经济转型进入关键时期的背景下，服务外包产业的增长速度有所下滑，但从整体来看，依然保持着良好的发展势头。据公布的数据显示，2016 年，中国企业签订的服务外包合同总价值为 1472.3 亿美元，同比增长 12.45%，其中执行总价值为 1064.6 亿美元，同比增长 10.11%，这明显高于我国 GDP 6.7% 的增速。

现阶段，我国服务外包产业正处于从加工服务向研发设计及系统整合等高端服务转型阶段，越来越多的服务外包企业积极开发溢价能力更高的高附加值服务，并打造自有品牌、提升自身的创新能力。

部分行业领先者，积极引入优秀人才，整合优质资源进军全球市场，以将客户视作战略伙伴的服务理念，为客户提供服务水平较高、溢价能力更强的增值服务，这在为其创造丰厚利润的同时，也提升了中国服务外包企业在国际市场中的竞争力。

需要注意的是，我国的服务外包产业也存在着很多方面的问题，例如，服务外包企业在全球价值链中处于低端环节、行业监管政策滞后、缺乏高端外包人才、同质化竞争泛滥、创新能力不足等。要想解决这些问题，还有很长的一段路要走。具体来看，打破我国服务外包产业发展困境，推动服务外包产业的转型升级需要从以下几个方面入手：

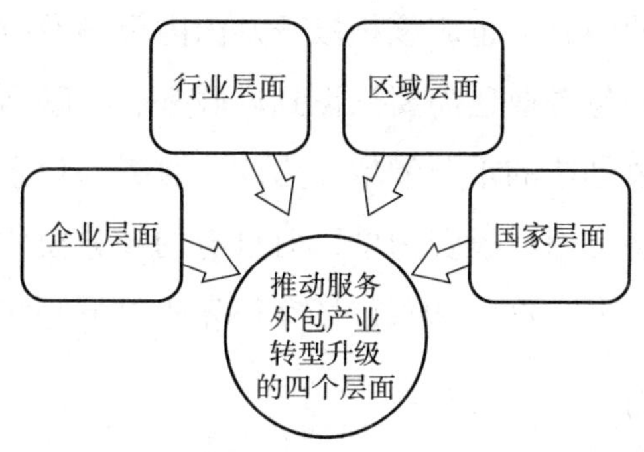

图 5－9　推动服务外包产业转型升级的四个层面

◆ 企业层面

(1) 增强创新意识和维权意识

服务外包企业首先需要增强自身的创新意识与维权意识：

★ 为了有效应对消费需求的不断升级，以及技术革新对服务外包产业产生的深远影响，服务外包企业需要打造出系统而完善的服务创新体系，以客户需求为中心，引入并培养优秀的复合型人才，打造自有品牌，从而提高自身在国际市场中的竞争力。

★ 与西方国家相比，我国在知识产权与信息安全方面的监管体系仍不完善，现行法律法规滞后。与跨国公司相比，我国企业缺乏知识产权与信息安全保护意识，对知识产权与信息资源的价值认识不足。为了有效提升自身的市场竞争力与价值创造能力，企业需要增强自身的信息产品及知识安全保护意识，在维护自身合法利益的同时，更要确保客户

信息的安全。

★ 在为海外客户提供服务，以及与其他企业进行合作的过程中，服务外包企业应该明确知识产权归属，通过签订保密协议、设置层级安全制度等方式，来保障自身及客户的合法权益。

(2) 开拓外包新兴市场和领域

在世界经济长期低迷的市场环境下，服务外包企业保持日本、欧美等传统市场份额的同时，也应该积极开发国内市场及拉美等国际新兴市场。此外，服务外包企业还需要认识到云服务、物联网、智慧城市将是未来服务外包价值创造的重要领域。为此，服务外包企业需要强化自身在相关技术及设备方面的投资力度，对自身的业务模式、管理方式等进行优化调整，为未来在这些新兴市场夺得先机打下坚实的基础。

◆ 行业层面

(1) 服务外包行业需要充分借鉴国际服务外包质量标准及体系，并根据国内市场的具体情况，制定出既能满足国内发展需求，又符合国际水准的行业标准与规则，从而对我国的服务外包市场进行有效规范，提升我国服务外包企业在国际市场中的竞争力。

(2) 在促进行业信息流通及市场良性发展方面，行业协会及联盟应该切实发挥自己的作用，引导服务外包企业进行服务升级、增强创新意识、积极开辟海外市场、共同应对风险。

◆ 区域层面

本地化服务外包品牌要积极向其他地区进行拓展，近几年，东北地区、中原地区的服务外包需求增长势头十分明显，对这种潜力较大的新兴市场，服务外包企业应该给予重点关注。需要注意的是，在向其他市场进行扩张的过程中，不能照搬现有业务模式，而是应该针对当地客户的需求特点进行一定的优化调整。

◆ 国家层面

(1) 进行总体产业规划和战略定位

为了解决服务外包行业监管缺失、同质化竞争泛滥等方面的问题，我国政府需要积极出台法律法规，明确监管部门的权力与责任，对国内服务外包企业进行有效规范，引导服务外包企业建立产业集群，并开发自己的特色服务，而不是通过价格战、同质化竞争、相互挖角等方式破坏产业生态。各个地方政府应该出台相应的扶持策略，在税收、土地等方面给予一定的帮助。

(2) 实施自主创新战略，引导产业转型

在扶持政策方面，更加侧重于鼓励服务外包企业的自主创新，可以选择创新能力较强的服务外包企业作为典型案例，引导其他企业进行参观学习。对服务外包企业在人才培养机制、商业模式、管理及运营等方面的创新实践活动进行指导，推动更多的研究机构、投融资机构等组织加入进来，为服务外包企业的转型升级提供丰富的资源支持。

(3) 建立服务外包产业的全国性协会或组织机构

在国内服务外包市场，目前已经有深圳市外贸协会、中国服务贸易协会等行业组织，但在服务外包产业的发展过程中，它们并没有发挥其应有的作用。国内服务外包行业组织普遍存在着信息更新不及时、信息整合能力较差、缺乏把握行业发展趋势的能力等问题。

培养出具有较强影响力的行业组织，对我国服务外包产业的发展具有十分关键的作用，一方面，能够支持并引导国内服务外包产业的良性发展，为相关企业创造出优良的成长环境；另一方面，能够提升中国服务外包企业在国际市场中的地位，当国内服务外包企业在国际市场中遇到问题时，也能够给予及时有效的帮助。

(4) 构建服务外包全方位安全体系

在建立服务外包全方位安全体系（包括知识产权、信息安全、行

业规范、风险控制等）时，应该鼓励企业、行业协会、海外服务外包品牌等积极发言，确保最终能够建立一个具有国际水平的服务外包全方位安全体系。在制定相关法律法规时，需要在引导并鼓励企业创新的同时，认识到高科技技术应用给服务外包安全所带来的巨大挑战，确保信息技术服务及各类远程信息交付服务处于安全可控的状态之下。

第6章

两化融合：服务创新战略的实施路径

6.1 基于客户价值链的服务模式创新

◎ 为何要开拓服务业

改革开放 30 多年来，我国企业借助低廉的原材料价格、劳动力成本以及政府的大力扶持，积极参与到全球制造产业价值链中，并最终成长为世界工厂，“Made in China”享誉世界。然而，2008 年全球金融危机后，世界经济持续低迷、国际市场需求不断萎缩、全球产业结构发生巨大调整变革，发达国家纷纷制定促进经济复苏转型的战略规划。由此，我国企业面临的国际经济环境发生了根本改变。

其实，很多国内企业早已意识到以往那种处于全球产业价值链底端的低附加值的发展模式难以为继，也不利于我国制造产业整体竞争力的提高。因此，如何改变在全球产业价值链中的不利地位，拓展高附加值业务，构建核心竞争优势，提高国际竞争力和可持续发展能力，就成为我国企业需要考虑的关键问题。

回顾全球经济在过去 100 多年的发展历程可以看出，几乎所有的发达国家都是从最初的资源和劳动密集型的低附加值发展模式，逐渐转变为以技术创新驱动的高附加值发展模式。

这些国家实现产业结构转型升级的一个重要切入点，是从原有的低附加值的制造产业中逐步衍生出高附加值的服务业务。即依托核心产品和技术，以为核心客户提供增值服务为出发点，逐渐拓展出一个服务业

务甚至服务产业，并将其作为企业的主要创收渠道，以此重构企业的核心竞争力和价值。

例如，IBM 公司从 20 世纪 90 年代开始就从硬件制造商的角色逐步转向服务和解决方案提供商。这种转变不仅有效解决了 IBM 硬件业务面临的巨大危机，也重塑了公司的业务结构和核心价值，使服务业务逐渐成为其最主要的收入来源。

不只是 IBM，面对整体商业环境的快速变化和日益激烈的市场竞争，很多制造产业巨头都在依托自身的核心产品拓展布局服务业务。根据 IBM 商业价值研究院的研究，各发达国家基于制造业衍生出的服务产业在制造业总产值中的比重不断提高，美国高达 58%，日本为 15%，而中国只有 2%。

不过从另一个角度来看，比例低也意味着巨大的发展空间。如果国内企业能够抓住新一轮信息技术革命的契机，利用互联网信息化技术对传统制造产业进行优化重塑，积极拓展布局新型服务产业，那么不仅能够改变低附加值和处于全球产业价值链低端的窘境，甚至有可能实现"弯道超车"，打造出独特的市场竞争优势，实现可持续成长。

在学习借鉴发达国家企业成功的转型经验时，我国企业需要首先明确一个关键问题：为何几乎所有的发达国家和企业都不约而同地将开拓工业服务业作为突围转型的必然路径？显然，这与工业服务业内在的产业链接和巨大的战略优势密不可分。

（1）制造产业及相关企业多以产品为导向，对整体经济状况十分敏感，会随着市场需求的周期性波动而波动。这显然不符合企业希望持续稳定发展的诉求，也容易出现经营风险。

自 2008 年全球经济危机后，市场的整体低迷导致所有以产品为导向的企业都面临着巨大的生存发展危机。

为解决市场波动对自身持续稳定运营的影响，传统制造企业纷纷将发展重心转移到受经济周期性变化影响较小的服务业务。顾客对硬件产品和设备的需求是十分有限的，不可能持续购买，然而当客户使用了产品和设备后，必然会对相关服务有着持续稳定的需求。因此，借助服务业务持续经营与稳定创收的特点去应对经济周期性波动导致的硬件业务危机，从卖产品转变为卖服务，无疑是一个十分有效的解决方案。

（2）进入消费社会，市场主导权转移到消费者一方，企业只有紧贴客户、不断满足客户需求，才能实现良性长远发展。

从这个角度来看，拓展服务业务有利于企业与客户建立更为紧密的连接，并借助自身强大的服务能力和服务产品准确把握市场变化与发展趋势，及时优化改善产品和服务，更好地满足客户需要，从而最大限度地降低因远离市场和客户而产生的投资与经营风险。

在这方面我国很多传统加工制造企业都深有体会。由于没有自己的品牌与核心价值，很多制造企业沦为海外知名品牌的代工生产工厂，无法对接客户，更不用说根据客户需求提供相应的产品和服务，只能处于整个制造产业价值链的低端，受制于上游的品牌企业。

因此，如何紧贴客户、了解市场变化与客户需求，如何通过服务业务保持与客户的持续深度交流、塑造自身的品牌形象，是传统制造企业从以往的价值链底端转型升级到价值链顶端时需要着重思考的关键内容。

在互联网消费社会，处于产业价值链顶端的整合者与价值链中高价值的创造者是最具生命力的两类企业。即便如此，若企业不能以用户为中心，敏锐感知并及时响应市场变化和客户需求，不断为客户提供更优质的产品和服务，也很容易会被业内外的竞争者淘汰。

（3）就国内企业而言，拓展工业服务业是实现传统制造产业转型升级、优化我国整体产业结构的重要切入点。

经过 30 多年的高速发展，我国经济不论是在总体体量、产业纵深还是市场需求方面，都为传统制造业拓展服务业务、进行服务模式转型奠定了坚实的基础。工业服务业的持续拓展创新，有利于拉动整体产业

结构的转型升级，建立技术和创新驱动的高附加值发展形态，最终推动我国工业产业走上良性可持续的发展之路。

◎ 售后服务≠增值服务

要发展工业服务业，首先必须对服务业务本身有着明确深刻的认知。这里所说的服务业务，本质而言是指企业基于自身的核心产品衍生出的增值服务业务，这种增值服务通过为客户创造附加价值使企业获得相应的经济回报。如果服务不能为客户创造附加价值，自然无法为企业带来收益，因而也就不属于服务业务。

从这个角度来看，人们平常所说的售后服务并不是服务业务，因为产品的安装、调试、维护等并不能为客户创造额外价值，只是兑现企业承诺的产品功能，属于产品价值的一部分。

简单地讲，客户之所以愿意付钱购买产品，是因为该产品能提供客户需要的实用功能，且产品具有较高的可用性（Availability）和可靠性（Accountability）。其中，高可用性并不是说产品不会出现任何故障或问题，而是指当产品出现问题时企业能够快速修复，从而尽可能延长产品的可用时间。

同时，产品的高可用性设计并非一定需要高昂的人力成本和复杂的维护方式。例如，很多计算机公司在出售的个人电脑中设置一键修复功能，就是为了以简便、有效、低成本的方式满足客户对产品的高可用性要求，最大限度地减轻售后服务成本。因为对于企业而言，售后服务只会增加额外成本，并不能创造任何收益。

很多企业对服务业务存在认知错误，将提高售后服务水平作为拓展服务业务的主要方式。然而，由于售后服务只是对产品高可用性和高质量承诺的兑现，因此即便企业的售后服务再好，也无法为客户创造额外价值，因而除了能获得客户的肯定和赞美，企业是无法从中获取任何收益回报的。

例如，某家电企业建立了高效优质的上门维修服务体系，甚至对售后服务人员在为客户提供上门维修服务时的言行举止都有着十分详细的规范。但是，从用户角度来看，他们花钱是希望获得一个高可用性和稳定性的产品，而不是出现问题和故障时企业提供的“优质服务”。

究其原因，售后服务再好，都不会为客户创造额外价值，因此无法为企业带来增值收益，反而会增加企业成本。从这个意义来看，最理想的产品其实是不需要售后服务的产品，因为在产品研发设计阶段，企业就已经将产品的质量、可用性、客户使用体验等做到了极致。

◎ 构建客户服务价值链

在以客户为中心的消费社会，企业只有充分满足客户需求、为客户创造价值，才能实现商业目标。与产品创新相同，服务创新的最终落脚点也是满足客户的显在或潜在需求，如此才能真正实现服务的价值。服务价值主要包括两个方面，为客户创造额外的收益增长，或者提高效率、帮助客户节约成本。这也是增值服务的最大特质——为客户带来产品或服务本身之外的额外价值。

服务模式创新的第一个维度，是深度分析客户的价值链或价值网络，找到其中的价值缝隙。价值缝隙是指客户在自己的价值链或价值网络中尚没有被满足的显在或潜在需求。企业发现这些价值缝隙后，设计出相应的服务提供给客户，为客户创造更多价值填补价值缝隙，从而充分满足客户需求。

因此，第一个维度是指价值链服务创新，即从客户价值链的角度出发，分析客户所购买的产品在其价值创造过程中的角色功能，并思考在价值创造链条中，该产品如何与上下游实现价值对接。

例如，客户购买通用电气公司的蒸汽轮机用于热电联产项目。在大型企业的热电联产中，蒸汽轮机的功能主要是将生产过程中产生的高热高压蒸汽转化成电能输送给下一级流程。在这一过程中，蒸汽轮机的上

游是锅炉或其他工业装置产品的蒸汽，下游则是被驱动的发电机或其他动力装置。

明确了客户的价值创造链条，接下来 GE 还要分析蒸汽轮机产品的上游和下游客户都有哪些需求，并分析自身的产品是否完全满足了这些价值诉求。如果没有，则应基于客户价值链构建新的服务设计，通过服务创新弥补存在的差距，以充分满足客户的价值需求。

例如，在热电联产项目价值链中，客户的需求主要包括：最佳的投资产出比，快速的施工和投运，提高整个系统的可靠性和连续运行时间。显然，单纯的产品交付模式已无法完全满足客户的这些价值诉求。蒸汽轮机企业需要从客户价值链出发，通过创新服务模式满足客户在系统级的服务、产出的稳定和可靠等方面的价值诉求。

企业的着眼点从产品可用性拓展到产品参与客户价值链的价值创造活动，从传统的产品模式转向围绕客户价值链进行价值创造的服务模式。这些服务包括系统设计服务、机组成套服务、系统成套服务、交钥匙工程服务、系统运行维护服务、系统优化服务等。

价值链主要是指客户内部的价值创造过程，而客户在整体产业生态系统中也必然会与其他众多企业形成协作互补关系，即客户的价值网络。由于这些企业是客户进行价值创造不可或缺的部分，因此企业在为客户提供服务、创造价值时，应该从客户内部价值链拓展到客户赖以存在的整个价值网络。

一般来说，客户价值网络中的参与企业主要包括技术提供者、设备供应商、物流服务提供者、金融服务商等。同时，专业分工的不断细化，使越来越多的企业有机会参与到价值网络中，通过深耕垂直细分领域成为独特价值的提供者，从而最终形成互为连接和支撑的价值网络。

随着各产业领域技术的标准化和互联网通信技术的发展成熟，利用工业标准和互联网技术对价值网络中的诸多企业进行整合协同，通过提供平台服务占据价值网络顶端的平台型企业开始大量涌现。

因此，从帮助客户在价值网络中占据更有利的地位，以及成为价值网络的平台运营者以为更多客户提供服务的角度出发，也是企业进行服务模式创新的一条有效路径。

例如，在产业价值网络系统中，任何一个企业既是供应商的角色，也是采购商，同时每个企业都离不开物流服务商提供的交通运输、仓储物流服务，以及金融服务商提供的贷款、融资、租赁等服务。这些价值诉求有些可以在企业内部满足，有些则需要产业生态系统中不同企业的协同配合。企业若能发现价值网络中某个客户的价值缝隙，便可以针对这些价值差距进行服务创新或开拓新的服务业务。

◎ 构建产品服务价值链

服务模式创新的第二个维度，是通过技术升级乃至工业化与信息化的融合，以服务的方式为客户提供更高的产品价值——客户能够通过这种产品的创新服务拓展市场，或者提高效率，优化成本结构。

围绕产品的技术升级能够衍生出诸多服务机会或服务创新思路，因为不是客户购买了产品就万事大吉，后续产品的持续使用、维护、保养甚至优化升级等都需要企业与客户保持密切连接。

需要注意的是，这里基于产品的服务与售后服务不同，后者主要关注的是产品的安装、调试、保养、维护等，是企业兑现对产品价值的承诺；而前者则是聚焦于对客户产品生命周期的维护服务，即企业通过产品升级、技术升级和维护服务等多种方式最大限度地延长产品的生命周期，使产品能为客户创造更多的价值，并在此过程中催生出更多的服务机会。

同时，若在产品的技术升级中有效融入物联网、大数据、云计算等新一代互联网信息化技术，也有利于开拓出更多基于产品的增值服务，这也是当前传统工业制造领域转型突破的重要方向——结合移动互联网、云计算等新技术开拓新的产品服务业务。

从全球制造产业服务业务的发展趋势来看，当前我国企业既拥有转型升级的诸多机遇，又面临着更严峻的危机和挑战。一方面，单纯针对产品的服务已无法满足客户多元化的业务需求，更无法帮助客户实现价值链乃至价值网络的重塑再造。随着互联网信息化技术的发展成熟、物流运输系统的便捷高效以及知识扩散与分享速度的加快，围绕客户价值链和价值网络的增值服务变得越来越重要。

另一方面，工业技术与信息产业的不断融合（"两化融合"），以及物联网、云计算等技术的发展成熟，也赋予了工业服务产业新的内涵特质和发展要求。如果我国制造企业能够敏锐感知并及时把握这一转变，积极利用先进的互联网信息化技术推动服务产业创新升级，未尝不能实现"弯道超车"，在全球价值链和价值网络的高端占据一席之地，实现跃迁式成长。

互联网的高速发展普及彻底重塑了人类社会的生活、生产、沟通交往方式。因此，如果前两次工业革命是以燃料动力和电力的使用为标志，那么当前正在进行的第三次工业革命则主要表现为互联网对工业产业的不断渗入融合。

甚至随着互联网逐渐成为像水、电一样的基础设施，工业与互联网的融合从以往的"可选项"成为"必选项"，是经济新常态下企业保持竞争优势、更好地为客户服务的必然要求。任何企业如果不能积极、正确地利用互联网技术，与互联网进行有机结合，都将越来越难以在日益激烈的商业市场竞争中有效存活成长。

从产品服务的角度来看，通过整合利用以传感器和通信传输为核心的物联网技术、云计算技术、大数据技术等诸多新的互联网信息技术，将衍生出一个"两化融合"的产业，在对传统产业思维和模式造成巨大挑战的同时，也为服务模式创新提供了巨大的想象空间。

当前我国的互联网信息产业人才仍集中在商业软件、通信技术和社交类软件等传统信息产业领域。因此，实现"两化融合"需要信息产业人才突破产业壁垒的束缚，更多地参与到工业产业之中，在为工业产业带来更多服务创新机会的同时，也让自己获得更广阔的学习和提升空间。

总体来看，服务模式创新可以从客户价值链和价值网络出发，也可以从技术升级、“两化融合”的思路切入，同时，若将这两种路径结合起来，可能会拓展出更多的产业机会和服务机会。关键是企业要从以往的“产品思维”转向“服务思维”，真正以客户为中心，围绕客户价值诉求重新设计服务模式或开拓新的服务业务。

◎ 实现服务创新战略落地

对于企业管理者而言，又应该如何使自己的服务创新战略真正落到实处呢？企业首先要做的就是根据自身的发展情况与目标群体定位，来明确服务创新的方向。具体来看，企业可以尝试从以下三个方向切入：

★ 以客户需求为依据，提升产品的增量价值。这种方向的创新比较容易实现，而且由于其能够增强用户的服务体验，往往也能够为企业带来更丰厚的利润回报。

★ 从价值链切入，思考如何提升价值链的增量价值。

★ 通过实现工业化与信息化的深度融合，实现系统级服务创新。

能够让企业在市场竞争中占据较强的领先优势的，是从平台运营的角度思考如何将自身打造成为平台型企业，在为交易双方提供对接服务的同时，让企业在整个产业链中获得极高的话语权。企业可以尝试通过以下几个步骤进行服务创新：

（1）无论企业选择从哪个方向切入，首先应该明白客户的真正需求，分析其中的哪些需求尚未得到满足。

（2）可以将这些需求陈列为需求清单，根据自身掌握的资源、实现难度、投资收益等对满足这些需求的发展前景进行评估。

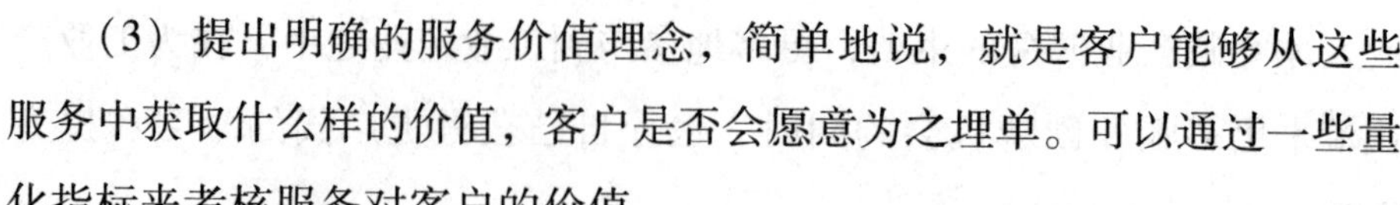

（3）提出明确的服务价值理念，简单地说，就是客户能够从这些服务中获取什么样的价值，客户是否会愿意为之埋单。可以通过一些量化指标来考核服务对客户的价值。

这三个步骤完成后，企业还需要思考以下几个问题：

★ 如何找到服务的目标群体。并非所有的客户都需要企业创造的这种新服务，企业需要针对目标群体的特征思考选择何种平台、哪个渠道，来对接目标群体。在刚推出服务时，不要盲目追求用户群体的数量，而是要专注于一些优质客户资源，将其发展成为种子用户后，可以借助他们的力量进行口碑传播。

★ 对于这种服务，企业可以采用何种变现模式。服务创新的目的终究是让企业实现差异化竞争，并获取更高的价值回报。而良好的变现模式，不但可以让企业源源不断地获取丰厚的利润，而且能够有效提升用户的购物体验。

★ 明确这种服务应该如何构建核心竞争力。难以实现差异化、很容易被竞争对手取代的服务创新是没有价值的，企业在进行服务创新时，应该找到能够为这种服务构筑较高的竞争壁垒的有效手段，使竞争对手难以进行快速复制。

例如，一般来说，提供持续稳定的优质服务，可以让合同能源管理供应商建立较强的领先优势。当客户选择了合同能源供应商后，如果这个供应商的服务较为稳定、优质，便很少会更换。因为更换供应商便意味着服务要被迫中断，短时间内不一定能够找到取代者，而且这类服务多为客户的核心业务，更换供应商需要承担极高的风险。

★ 对如何提供这种服务进行细化，是完全由自身提供，还是找第三方进行合作。如果选择后者，就需要对服务的细节进行具体化、制度化。

可能有些企业并非仅选择对一种服务进行创新，他们试图能够布局多个领域开展多元化经营，从而使企业在未来的市场竞争中具有更高的抗风险能力、获取更高的利润回报等。

这种想法本身并没有什么问题，无论是专注于细分领域，还是多元化经营，都有企业能够取得成功。但需要注意的是，要想在多个方向进行创新的企业，应该采取循序渐进的方式，先选择那些成功率较高的方式进行切入。例如，先选择难度较小的系统集成服务，再选择基于 IT 的新功能服务，最后可以根据自身的需求决定是否探索基于 IT 的系统融合服务。

对基于 IT 的平台运营服务存在较高的门槛，这需要企业在产品及品牌方面具有一定的领先优势，而且必须具备较强的资源整合能力。对于绝大部分企业来说，进行提升产品增量价值以及价值链价值的服务创新，已经足以让企业建立起较强的核心竞争力，使企业完成在移动互联网时代的转型升级。

从企业发展的角度来看，中国服务市场的规模相当庞大，尤其是更加注重生活品质的“80 后”与“90 后”逐渐成为主流消费群体的时代背景下，国内企业更是具备着广阔的发展空间，而企业的服务创新之路最终能否取得成功，不但需要企业管理层能够制定科学合理的落地战略，更需要长期不断地坚持与积累。

正如将 IBM 从死亡边缘拯救出来的原 IBM 董事长郭士纳所指出的，服务业的商业模式和其他业态存在着明显差异，进行服务创新也绝不是一件简单的事情，它需要企业长期投入较高大量的资源，在不断的试错中积累成功的经验与规律。

6.2 企业实施服务创新的模式路径

◎ 模式一：信息系统集成服务

从产业价值链的角度来看，服务创新主要包括三种方向：第一种是为了提升产品价值而进行的服务创新；第二种是为了提升产业链价值的服务创新；第三种是提升平台价值的服务创新。无论是哪种服务创新，都需要企业在技术、资源、信息化建设等方面提供有力的支撑。

想要分析出客户的潜在需求，需要企业对产业价值链有深入的认识，把握技术的发展趋势，并根据客户的实际情况发掘其价值诉求，然后从技术升级、IT 融合、价值链及价值网络考虑，为客户创造出优质的增值服务。

20 世纪 90 年代，IBM、思科、微软等国际知名 IT 企业就通过为客户提供以 PC 设备为核心的系统集成服务解决方案而迅速发展壮大。工业企业也很早就对系统集成服务创新进行了诸多探索，在建筑领域普遍采用的 EPC 服务（工程总承包服务）是一种典型的系统集成服务。

不过系统集成服务解决方案是围绕自身的产品或者核心技术而展开，缺乏产品或者核心技术支撑的系统集成服务解决方案很难再赢得客户的认可。不难发现，市场中那些单纯的提供系统集成服务解决方案的第三方服务企业，在市场竞争中相当被动。

艾默生公司（EMR）向我们很好地证明了产品在系统集成服务解

决方案创新中的关键作用。20 世纪 70 年代，虽然 EMR 的环境优化技术在通风、空调及供暖等领域的应用，已经建立起了明显的领先优势，但是在那些实力雄厚的客户面前，EMR 根本没有足够的话语权。而 EMR 成功收购压缩机制造商谷轮公司后，这种情况得到了有效改善。

专注于压缩机制造领域的谷轮公司当时正在研究一种全新的颠覆性技术——涡旋压缩机技术，但由于该公司规模相对较小，该技术的商业化进展相当缓慢，而 EMR 从中发现了巨大的发展机遇，于 1986 年完成对谷轮公司的收购。这一收购项目完成后，不但使 EMR 的业务链条得到了进一步完善，而且 EMR 通过投入大量资源使涡旋压缩机技术快速完成商业化，涡旋压缩机也成为 EMR 的一大核心产品。

围绕涡旋压缩机，EMR 打造出了将所有的通风、空调及供暖产品及服务进行整合，为客户提供各种类型的系统集成服务解决方案，从而在与客户进行价格谈判时，取得了极大的主动权。

例如，EMR 为超市和便利店开发出了一套模块式制冷系统，并在此基础之上，研究出了将现场制冷设备和中央控制站进行无缝对接的数字通信技术，从而为客户提供成本更低、性能更佳的制冷服务解决方案，而 EMR 也通过这种溢价能力更高的增值服务获取了巨额的回报。收购谷轮公司以前，EMR 负责该项业务的部门在组织中相当边缘化，而如今该部门已经成为 EMR 的重要利润来源之一，2011 年该部门营收就已高达 40 亿美元。

不难发现，正是涡旋压缩机技术及产品使 EMR 的系统集成服务解决方案创新具备了落地基础。拥有产品与核心技术，EMR 在与客户谈判时也有了足够的筹码，在此基础上，EMR 的价值链深度和广度得到了极大的拓展。

事实上，在为客户提供系统集成服务解决方案的基础上，很多企业还会通过为客户拓展价值链，从而实现价值最大化。系统集成服务解决方案仅是一个开端，帮助客户进一步延伸价值链，从而获取更高的增量

价值，不但能够让企业与客户建立起长期稳定的合作关系，而且能够为企业打造出核心竞争力。全球知名饮料及包装供应商利乐公司（TetraPak）的案例值得我们充分借鉴。

创建之初，利乐公司主要为客户提供液态奶纸质包装。到20世纪90年代时，该公司的业务范围进一步拓展，除了提供包装产品，还为客户生产液态食品加工设备、厂房工程及干酪生产设备。发展到今天，利乐公司已经成为一家可以为客户提供包装产品、分销生产线、综合设备开发，以及为液态食品企业级客户提供新品开发、市场拓展及技术咨询与培训的跨国企业巨头。

利乐不满足于仅为客户提供设备供应服务，而是将自身的业务范围拓展到了客户的生产线及内部价值链中，探索出了帮助客户进行产品设计、生产工艺优化、用户群体发掘、市场营销推广等优质而完善的全产业链增值服务，极大地提升了自身的盈利能力。

在中国市场，国产知名乳业公司几乎都是使用利乐公司提供的系统集成服务解决方案，在伊利、蒙牛、光明、三元等乳业品牌的产品包装上，我们都可以看到利乐公司的品牌标识"TetraPak"。很多乳业从业者，都将利乐称为中国乳业市场背后的"军火商"。

确实很多企业能够为客户提供系统集成服务解决方案，但将其升级为客户的生产线及价值链提供增值服务，却鲜有企业能够做到，更不用说能够像利乐一样取得如此大的成功。利乐的实践案例，无疑为诸多企业探索系统集成服务解决方案提供了一条行之有效的发展路径。

业内人士指出，在工业领域，基于产品或者核心技术为客户提供系统集成服务解决方案，要比单纯地提供产品或服务的收益高出3~5倍。更为关键的是，作为系统集成服务解决方案服务商，企业能够以资源整合者的身份来为客户整合其他企业的产品，这能够极大地提升企业在行业内的市场地位与话语权，从而为企业的融资计划、向国际市场进军等打下坚实的基础。

◎ 模式二：产品生命周期服务

对于一家企业而言，实现产品生命周期价值最大化，无疑能够为企业带来相当丰厚的利润，思考如何提升产品创造价值的能力、提高产品运行效率等，能够使企业在产品生命周期中创造出新的增值服务，在这里我们将这种增值服务称为“产品生命周期服务”。产品生命周期服务包含的范围十分广泛，它涵盖包括产品交付、安装、调试、维修保养在内的从产品生产到退出市场的整个过程中的所有服务。

产能过剩与产品同质化竞争背景下，越来越多的企业转变了以前的重视产品销量，忽略增值服务的思维模式，尝试通过大力拓展溢价能力更高的增值服务，实现从一家生产企业转型成为服务企业。我国的工业化发展时间虽然相对较晚，但发展速度较快，目前生产企业对购置新设备、开发新项目的需求明显降低，反而是企业选择收缩生产线、为现有客户提供优质服务成为主流发展趋势。

国内领先的透平压缩机生产商，陕鼓动力在探索产品生命周期服务方面投入了大量的资源。该公司生产的透平压缩机产品的空分装置、高炉余压回收装置、轴流压缩机组等具有较高的价值，而且在其客户业务流程中扮演着十分关键的角色。所以，客户对这些设备的稳定性、耐用性有着较高的要求。为了满足客户的这种需求，同时进一步提升自身的盈利能力，陕鼓动力创造出了多种类型的产品生命周期服务：

（1）根据远程监测以及定期巡检所获得的设备数据，陕鼓动力为客户提供日常保养优化策略，有效降低设备损坏率，提高设备运行稳定性；

（2）与第三方专业公司进行合作，帮助客户对设备进行检修、维护，延长设备的生命周期；

（3）以改善透平压缩机组使用效率为目标，陕鼓动力开发出了高炉鼓风机控制系统优化服务，通过对透平压缩机组的控制系统进行优化

调整，使机组能够以最佳的状态保持运行，从而使机组的运行效率得到极大的提升；

（4）二手设备回收及改造服务，价格昂贵的设备在生命周期走向终结后，如果完全由客户自行处理，对资源则是一种严重的浪费，而在陕鼓动力的帮助下，这些设备能够回收再利用，在为客户带来一笔额外收入的同时，也能让陕鼓动力得到一些廉价优质的生产材料。

通用电气（GE）在产品生命周期服务领域的探索案例同样值得我们充分借鉴。GE 生产的压缩机、燃气轮机在化工、能源及冶金行业有着良好的口碑，不仅设备具有较高的性价比，其还能够为客户提供设备状态实时监测服务解决方案。客户除了可以购买由 GE 开发的与配备相匹配的监测软件及硬件，还可以让 GE 进行更为专业的实时在线状态监测。

客户与 GE 签订设备在线监测服务合同后，GE 会在进行在线监测的同时，定期安排专业人员前往客户车间进行现场巡检，并为客户提供系统而完善的检测报告，从而可以为客户提供设备维修及保养优化方案。通过这种专业的在线监测服务，GE 与客户建立起长期稳定的合作关系，并从中获取了高额的利润回报。

产品生命周期服务，为企业的服务创新提供了一个新的方向，使企业能够将资源和精力转移到提升产品整个生命周期中的价值创造中来，帮助客户提升设备的稳定性与运行效率，尽可能地延长设备的生命周期，从而让设备为客户创造最大的价值，甚至在产品生命周期结束后，能够对设备进行回收再利用，不但创造了经济价值，而且迎合了绿色生态可持续发展的要求。

◎ 模式三：解决方案集成服务

在这里，我们首先需要明白系统集成服务和解决方案集成服务之间的差异。一般来说，系统集成服务针对的是那些客户提供的明确的功能实现、效率提升、价值链整合等各个方面的需求，企业为此需要在资源整合、系统优化、技术研发等方面为客户提供必要的帮助。

与系统集成服务相比，解决方案集成服务明显更为复杂，对企业的能力、资源会有较高的挑战。很多时候，客户所提出的解决方案集成服务针对的是其业务或者技术方面的问题，但导致出现这种问题的因素十分复杂而且不明确，企业安排专业的团队耗费较高的时间成本进行多次实验、调研等，帮助客户找到问题所在，然后再制定出相应的解决方案集成服务。当然，客户也需要为解决方案集成服务支付更高的费用。

从实践来看，提供解决方案集成服务，不仅需要解决客户在技术方面的问题，还可能会涉及组织架构、业务流程、商业模式、运营管理、战略规划等诸多方面。IBM 在解决方案集成服务领域的案例堪称经典之作。

IBM 在为客户提供解决方案集成服务时，不仅会帮助企业提升技术能力，也会帮助企业提升创造价值的能力。在客户提出解决方案集成服务需求后，IBM 会先安排商业咨询团队和客户的高层管理团队进行研讨，分析客户现阶段的发展战略、组织架构、业务流程、信息化建设等，在宏观层面上了解问题的根源，为后续制定完善的解决方案集成服务打下坚实的基础。

帮助客户提升价值创造能力，是构成 IBM 解决方案集成服务核心竞争力的重要组成部分。很多企业在服务客户提供解决方案时，会更加侧重于技术层面，而忽略了帮助客户提升价值创造能力的重要性。经过几十年的发展实践，IBM 已经建立起了一种能够为客户提供科学完善的解决方案集成服务机制。具体来看，IBM 为客户提供的解决方案集成服务主要包括以下四个方面的内容：

（1）商业咨询部门和客户进行沟通交流，从整体上把握客户需求，从而为客户制定出商业解决方案、技术解决方案等；

（2）对客户的业务流程、组织结构等进行优化调整，使方案得以

真正落地；

（3）从整体价值的角度出发，为客户提供组合性的解决方案；

（4）当客户的业务较为复杂时，为了确保客户效益最大化，将对不同的解决方案进行优化调整。有的企业在发展过程中，尤其注重带来直接价值的产品销售环节，而忽略了为消费者提供优质的售前及售后服务。实际上售前咨询及售后服务虽然不能直接创造财务收益，但其在无形中会带动产品销量及企业口碑，是企业能够摆脱"价格战"的有效方式。

在探索解决方案集成服务方面，国内企业与 IBM 这种行业先行者存在着较大的差距。能够针对客户的问题，提供解决方案集成服务的企业数量相对较少，大部分企业能够提供的只是单一领域的解决方案。

而市场中的企业在这方面的需求十分旺盛，因为很多国内企业受益于短时间集中爆发的市场需求，而迅速发展壮大，然而这些企业盲目追求市场份额与发展规模，导致其内部存在着各种各样的问题，在我国经济增速趋缓的背景下，这些问题逐渐暴露出来。

可以说，国内的解决方案集成服务领域是一个相当广阔的蓝海，率先完成布局的企业将获取海量的价值。但这一过程比较缓慢，尤其是那些以销售产品为主的企业，它需要企业积累较多的专业人才，在企业内部搭建出为客户提供解决方案的组织文化。

◎ 模式四：价值网络协作服务

从价值链与价值网络的角度来看，如今有越来越多的企业专注于自身的核心领域，并在这一领域构建出较高的技术及模式壁垒，而将那些非核心领域外包给第三方专业机构，市场中也出现了一些专门为企业与外包方（包括个体与企业）提供对接服务的平台。

从长期发展来看，以互联网为支撑的大规模社会化协同将成为未来的主流发展趋势，所有的企业都将成为价值网络中的参与者，通过多方合作，共同创造更为优质的产品及服务来满足消费需求。

探索价值网络协作服务，首先需要企业掌握客户的价值网络，并掌握客户对该网络关键环节的价值诉求，然后根据客户自身的发展状况，为其制定个性化外包方案。企业为客户提供的价值网络协作服务，必定是企业擅长的业务。

很多企业都是从内部探索共享服务出发，经过长期积累后在这一方面建立起足够的优势，然后再将这种服务进行输出，从而成为价值网络协作服务供应商。

以 IBM 为例，2003 年 9 月 9 日，IBM 与宝洁公司达成了一项为期 10 年、总价值高达 4 亿美元的全球协议。协议规定：由 IBM 业务咨询服务事业部为宝洁公司全球范围内约 80 个国家的 9.8 万名员工提供人力资源业务转型外包服务，服务内容包括：薪资管理、补偿计划、差旅费用管理、海外移民服务、人力资源数据管理等。

此外，IBM 还将基于宝洁公司现有的全球 SAP 系统和员工门户网站，提供人力资源系统应用开发及管理服务。IBM 能够赢得宝洁公司的认可，得益于其从 1993 年开始打造的优化内部共享服务体系，经过 10 年的发展，IBM 在这一方面建立起了足够的领先优势。

事实上，在价值网络协作服务领域，国内企业也在这方面进行了诸多尝试，其中有不少企业取得了良好的效果。以白色家电出身的海尔为例，由于自身的发展规模不断扩大及市场份额越来越高，1999 年，海尔已经打造出了覆盖全国主要城市的物流网络，甚至开发出了很多大型的物流园区。

但当时交通基础设施较为落后，运力资源难以得到充分发挥，物流配送给海尔带来了极高的成本，当时的海尔想要效仿国际企业将物流业务外包，但国内没有相对成熟的大型物流服务商。

在这种局面下，海尔决定将物流业务拆分出来，并成立独立的海尔物流公司。这不但可以为海尔提供物流配送服务，也可以为其他企业提

供服务。海尔物流公司（如今已经整合到海尔旗下物流品牌"日日顺物流"之下）服务范围十分广泛，包括订单管理、运输服务、库存管理、海运管理、清关服务、供应链咨询、物流解决方案等诸多服务。

日日顺物流的客户包括汽车、家电、零售、快消品在内的诸多行业中的海内外企业，如宜家、陶氏、伊利、富士康、上汽五菱、通用电气等。

通过海尔公司的案例，我们可以看到价值网络协同服务，不但有效降低了企业的成本，而且为其创造了新的利润来源。当然，要想提供价值网络协同服务，需要企业在该项服务领域具有强大的专业能力与领先优势。

近几年，与金融相关的外包服务在国内市场发展势头十分迅猛，一些整合资源能力较强的大型企业，通过拓展融资租赁服务来布局金融领域。国内领先的垂直产业研究机构前瞻产业研究院发布的数据显示，2015 年，我国的融资租赁服务市场规模达到了 4.28 万亿元，而 2005 年时，这一数字仅为 240 亿元。

融资租赁服务能够很好地帮助客户打破融资困境、强化其风险管理能力的同时，也能帮助企业消化库存、创造新的利润来源。未来随着我国经济的不断发展，金融产业日渐成熟，融资租赁服务将会受到越来越多的企业及投融资机构的青睐，成为企业探索价值网络协作服务的一大热点。

◎ 模式五：价值网络运营服务

价值网络运营服务可以看作对价值网络协作服务的转型升级。价值网络协作服务侧重于价值网络中的共享服务（外包服务），具有明显的职能型协作服务的特征。而价值网络运营服务是为客户制定一个完善的运营解决方案，通常会涉及客户的核心业务流程，需要耗费更高的成本，并承担较高的风险。

价值网络运营服务需要对价值网络中的重要资源进行深度整合，并借助高科技技术、全新的管理模式及运营手段等，为客户提供个性化的综合服务价值，在强化客户价值创造能力的同时，为企业持续带来高额的利润回报。

以远大空调为例，2004 年远大空调开始步入从空调设备供应商向综合服务商的转型之路，其转型思路为：借助合同能源管理（Energy Performance Contracting，EPC）模式，结合自身搭建的强大售后服务网络，将价值链拓展至客户中央空调运营过程中，为客户提供制冷与制热服务。

为了确保转型方案得以落地，远大空调在技术研发方面投入了大量的资源，事实上，作为一家强调科技创新的民营企业，在 2004 年以前，远大空调就积累了 72 项专利技术，这为其产品能够在激烈的市场竞争中成功突围打下了坚实的基础，但与此同时，远大空调管理层也认识到仅靠产品与技术，很难打败行业内的海内外巨头企业。

为了进一步发掘目标群体的潜在价值，远大空调对 3000 多个海内外中央空调用户进行了深入调研，从而获取了大量中央空调运营数据。2005 年 8 月，远大空调上线了一项全新的服务：客户不需要购买远大空调的设备及售后服务，而是以外包的形式将制冷与制热服务外包给远大空调，费用根据建筑面积与服务的复杂程度计算。

这种服务由于不需要让用户关注中央空调的运营及管理，减少维修资金与人力成本，很快受到了广大用户的认可。这个案例向我们说明，价值网络运营服务的切入点是对于客户业务的重新定义，是企业明确自身的服务内容。客户真正需要的服务是能够为其创造的价值，简单地说就是客户需要的是制冷与制热，而不是设备和设备运营。

当我们以这种思维方式来重新定义客户业务时，便会发现其实我们能够发掘出很多客户需求的运营服务。以家用空调为例，人们购买家用空调的目的主要就是制冷与制热，有的用户可能会需要空调提供的空气

除湿服务，那么，这种需求能否通过将其外包给第三方专业服务商来实现呢？答案当然是肯定的。

当市场中出现提供家庭制冷、制热、空气质量调节等综合服务供应商时，人们将不需要关注空调设备的品牌及其维修与保养，因为这些将由综合服务供应商来提供。在人们收入水平不断提升与消费需求不断升级的背景下，未来出现这种类型的服务商将会是必然的结果。

在探索客户业务本质过程中，管理学大师彼得·德鲁克提出的关于业务的三个问题值得我们充分借鉴：

★ 企业的现有业务是什么？

★ 企业的业务将会是什么？

★ 为了满足客户需求，企业的业务应该是什么？

当企业深入思考并找到这三个问题的答案后，将会真正发掘出客户业务的本质，从而为企业的价值网络运营服务创新提供强有力的支撑。

6.3 信息化建设：基于 IT 的服务创新

◎ 基于 IT 的新功能服务

多年以前，工业化与信息化的深度融合就受到了企业界的追捧，但如何借助高科技技术，并结合企业现有产品，实现服务创新，仍是很多企业存在的痛点。在实践过程中，基于企业现有产品，与信息技术与 IT 技术深入结合，往往能够大幅度提升产品的增量价值，实现对产品服务模式的创新发展。

考虑到信息技术的应用可以使产品价值被重新定义，所以在进行基于 IT 的新功能服务创新过程中，企业需要摆脱传统思维的束缚，以更为开阔的视角来思考实现工业化与信息化融合后的产品与服务。在此，我们可以借鉴美国农具公司约翰迪尔的案例。

成立于 1837 年的约翰迪尔公司是一家世界级的农用机械设备供应商。可能很多人不相信一家专注于农业领域的设备供应商，能够以工业化与信息化深度融合来实现服务创新，但约翰迪尔就是如此。该公司开发的精准农业系统，被视为企业界进行基于 IT 的新功能服务创新的经典之作。

精准农业系统能够收集到海量的农业信息，融合了传感器技术、GPS 定位技术、通信技术等高科技技术的农业设备，再加上位于终端的显示设备，使农户能够享受到十分优质的农业信息服务。从农业从业者

的角度来看，精准农业系统为其打开了一个全新的农业生产世界，那些仅凭经验来进行的生产活动有了科学合理的数据支撑，使他们可以获得更高的投入产出比。

在精准的农业系统中，客户可以获取到实时的、系统化的土地成分分析数据，从而可以对播种、施肥、用药等进行科学高效地指导，在GPS定位技术的帮助下，实现精准地播种、耕作、除害、收获等，并且能够对农作物的生长信息进行实时监控，使农户能够降低农业生产成本，提升产品品质与产量，从而获取更高的价值回报。

运动品牌商耐克，在基于IT的新功能服务创新领域也进行了深入探索，并取得了良好的效果。耐克将传感器安装在运动鞋中，和iPod等移动终端设备进行连接，通过将用户的运动信息分享到互联网中，打造了"Nike +"服务。"Nike +"服务提供的信息主要有：距离、步数、行走路线、跑步速度等，可以让喜欢健身的用户将这些数据提供给健身教练获得更为专业的指导，或者和好友在线上进行竞赛等。

在iPhone出现后，耐克对"Nike +"服务进行了进一步的优化及完善，并开发出了"Nike +"APP应用产品，不但能够为用户提供各种运动数据，而且为用户打造出了一个可以实时进行交流互动的线上社区，这使得耐克能够沉淀出大量的忠实粉丝。

表面上看，这种"Nike +"服务并不向用户收取费用，没有为其带来直接受益，但由此所带来的用户忠实度与品牌影响力的提升使耐克获得了海量的价值。产品与互联网尤其是移动互联网的深度融合，是物联网持续发展所带来的必然结局，这也将为企业提供更为广阔的探索空间，移动互联网、大数据、云计算等高科技技术的引入，将使企业的产品与业务被重新定义，催生出具有更高变现价值的增值服务。

◎ 基于IT的系统融合服务

基于IT的系统融合服务实现了系统价值的充分发掘，借助于信息技术的有效融合，创造出新的细分领域，使企业效率获得进一步提升。在基于 IT 的系统融合服务创新领域，行业先行者进行了大量的探索实践，2008 年，IBM 公司提出“智慧地球”的概念，并指出，未来人类、工业与商业将通过互联网实现更高效率的分工协作。

在 2014 年举办的第 2 届江苏互联网大会中，江苏省互联网协会理事长杨震预测，到 2020 年，全球接入互联网的设备将会达到 500 亿个。而 Facebook 发表的数据显示，截至 2015 年底，全球上网人口已经达到 32 亿人，如此之高的联网用户与设备必将带来海量的数据信息，而能够对这些信息进行搜集、分析及应用的软件产品将会为企业的服务创新提供巨大的想象空间。

通用电气在这方面的探索要比 IBM 更为深入，在很多人眼中，当通用电气这种工业巨头开始探索互联网转型时，我们才算是真正迈入了第三次工业革命。2012 年 11 月，通用电气发布“工业互联网白皮书”，向外界展示出了其进军工业互联网的意图。

虽然通用电气的工业互联网和 IBM 公司提出的“智慧地球”在本质上并无太大的差异，但通用电气这种国际性的工业巨头在基础设施技术、相关数据以及信息化建设等方面的强大能量，使人们对于第三次工业革命的到来充满了无限期待。

在通用电气的工业互联网白皮书中，其对未来多个行业应用互联网及数据分析技术的发展前景进行了预测：在未来 15 年内，如果关键行业的系统效率提升 1 个百分点，将带来巨大的商业价值。

对于商用航空领域，降低 1% 的燃料意味着每年将节省 300 亿美元；在医疗行业，提升 1% 的系统性能就意味着每年将减少 630 亿美元的成本；在燃气开发领域，降低 1% 的燃料消耗将意味着减少 660 亿美元的成本；在油气采矿领域，如果降低 1% 的资金成本就意味着每年将减少 900 亿美元的开支。

当工业互联网技术在全球范围内得到普及推广时，其对人类社会

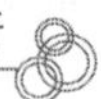

发展所产生的推动作用将是难以估量的。对于国内企业来说，当我们在探索为客户提供优质的基于信息技术的系统融合服务时，需要思考如何才能科学合理地利用移动互联网、大数据、云计算等高科技技术，减少对资源的消耗，提升企业的运行效率，从而为客户创造海量的价值。

近年来，国内正处于快速发展阶段的合同能源管理服务，在本质上就属于一种实现了工业技术与信息技术融合的服务创新。信息技术在降低能源消耗、提升设备性能与系统稳定性方面无疑有着十分关键的作用，而且国内市场规模在如此庞大的基础上，即便是仅有 1 个百分点的突破，也很有可能为产业带来颠覆性的革新。

基于 IT 的系统融合服务领域已经出现了一批行业先行者，而汽车企业的探索成果尤其引人注目。随着互联网企业对汽车领域的投资力度越来越大，传统汽车企业开始有所警惕，并积极实施转型。

以通用汽车为例，该公司中止了与自己有着长达 25 年合作关系的合作伙伴惠普公司的合同，而自己招聘专业的软件开发人员，对汽车控制系统进一步优化，并开发各种类型的软件产品。

未来，在万物互联的物联网时代，单纯地依赖于销售汽车产品，来获取价值的发展模式将会被淘汰，借助各种高科技技术开发基于 IT 的汽车系统融合服务将会成为主流发展趋势，汽车的角色将会被重新定义，它将成为一种集成了娱乐、出行、社交等各种服务的移动互联网设备。

随着工业互联网的不断深入，不仅是能源、医疗、航空产业，所有的产业都会卷入这场巨大的浪潮之中。可以预见的是，那些深入布局基于 IT 的系统融合服务创新领域的行业先行者，将以一种全新的服务形式给客户创造独特的价值，为整个行业的发展注入源源不断的活力与发展动力。

◎ 基于 IT 的运营平台服务

毋庸置疑的是，能够提供基于 IT 的运营平台服务是很多创业者及企业的梦想，这种提供服务的轻资产运营模式也是商业发展的主流趋势，这种服务在实现信息技术与传统产业深度融合的同时，使企业作为整合资源的平台方而在产业链内具有极高的话语权，这种企业一旦发展壮大，就很容易实现行业垄断，从而让企业获取高额的利润回报。

目前，提供这类服务的企业数量越来越多，其中有相当一部分企业更是向我们展示出了其强大的吸金能力。平台所带来的优势，使企业能够快速整合大量的优质资源，在此基础上，企业可以积累出足够的忠实用户，并在资本市场引入巨额的融资。

苹果公司基于 iOS 操作系统及 APP Store 应用商店打造的综合平台，对手机产业带来了重大影响，使从业者重新定义了软件开发，以实现软件与硬件完美融合的闭环生态，发展成为一家世界级企业。

在传统思维模式中，智能硬件终端设备是核心，软件与系统仅是附属品，但苹果公司的发展模式颠覆了我们的这种认知。同样一款手机因为其安装软件的差异性而变得极具个性化，通过各种各样的应用产品，我们能够通过手机获取满足自己需求的产品与服务。

在苹果公司搭建的 iOS 平台上活跃着全球范围内最为顶级的软件工程师，这些人通过为 APP Store 开发应用软件而获取回报，截至 2015 年底，APP Store 全球共拥有超过 170 万个 APP。

更为关键的是，虽然是苹果公司为这些软件开发人员提供回报，但这些开发者不属于苹果公司，支付给他们的报酬完全是由其开发的 APP 所创造的，苹果公司只是为他们提供一定的分成。这种平台模式使苹果公司在全球范围内建立起了溢价能力最高的软件开发系统与手机产业链。

国内的阿里巴巴也是基于 IT 的运营平台服务创新领域的典型代表，

其打造出了一种开放性的电商综合平台模式，每年的“双十一”都在刷新电商交易纪录，2016 年“双十一”成交额已经达到了 1207 亿元。目前，阿里巴巴正在将这种模式向物流、金融、文娱等诸多领域进行复制。

阿里巴巴平台模式所创造的巨大商业价值，吸引了大量的创业者与企业争相效仿，他们积极投身电子商务与移动互联网产业，试图以垂直领域为切入点，将自身打造成为各自领域内的综合平台。共享出行领域的滴滴、在线订餐领域内的饿了么、在线旅行领域的携程等平台，都已经进化成为各自领域的行业巨头，并且“赢家通吃”的现象在它们身上得到了很好的体现。

可以预见的是，在我国这个拥有庞大人口基数的潜力无穷的市场中，各种各样的服务创新将会在企业界不断涌现，同一市场中可以存在淘宝、天猫、京东等大型综合平台，也可以存在波罗蜜、蜜芽宝贝、聚美优品等垂直领域的小平台，所以，无论是大型企业，还是小微企业，甚至是创业者都有机会从中分一杯羹。

第7章

服务增强制造：探索可持续发展之路

7.1 我国制造企业服务增强竞争战略

◎ 制造企业服务增强概念的界定

全球经济一体化的不断深化、新一轮信息技术革命的蓬勃发展，使服务要素在制造业中扮演着越来越重要的作用：从最初的管理辅助，到后来有助于提高生产效率的管理支持，再到当前产业发展的新引擎和战略导向角色，服务增强已经成为经济新常态下制造产业转型升级的重要推力和有效路径。例如，当前越来越多的国内外制造企业都开始借助服务增强战略构建差异化竞争优势，提升企业整体竞争力，并以此为突破口推进自身的转型升级。

虽然服务增强竞争策略受到越来越多制造企业的认可和青睐，但这一概念尚未形成普遍接受的统一定义和理解，不同学者对服务增强的界定常常有不同的侧重。这些研究大致可分为宏观层面针对制造产业的界定和微观层面针对制造企业的理解。

服务增强是制造与服务的有机融合，这方面的研究最早可追溯到 1966 年，当时美国经济学家格林菲尔德（H. Greenfield）在对服务业进行分类时提出了生产性服务业的概念。随着体验经济时代的到来，越来越多的制造企业开始将产品视为与消费者进行对接沟通的渠道载体，通过提供诸多增值服务而非产品本身获利，以此构建出自身的差异化竞争优势。

至于“服务增强”这一概念，最早是由 Burger 和 Lester 在对中国香港制造业与美国和日本制造业进行对比研究过程中提出的。他们认为，产品经济时代是以产品生产型制造为主，企业主要通过产品销售创收；而互联网体验经济时代个性化消费需求的不断增长，必然会推动企业从产品生产型制造转变为服务增强型制造，制造企业角色定位也逐渐从产品制造销售变为提供个性化一站式问题解决方案的服务商。

与服务增强型制造类似的概念还有“服务型制造”“制造企业服务化”“产品服务系统”等诸多提法。

“服务型制造”是我国学者孙林岩在研究全球制造产业变革趋势的过程中提出的，他认为这一创新性的制造模式有助于推动传统制造业的转型升级，提升我国制造产业的整体竞争力。

“制造企业服务化”则由 Vandermerwe 和 Rada 于 1988 年提出，指企业从单纯的产品或附加服务提供者转型升级为提供全方位一体化产品解决方案的集成服务商角色。

20 世纪 90 年代中后期，联合国环境规划署从节约资源的可持续发展角度出发提出了“产品服务体系”这一概念，认为人们购买产品的最终目的是获取其使用价值而非占有产品本身。因此，制造企业可以从产品销售盈利转变为通过提供销售解决方案获取收益，从而有效降低对资源环境的依赖性，提升自身竞争力。

可以看出，“服务型制造”“制造企业服务化”“产品服务系统”多是从企业竞争战略角度对服务增强概念进行的微观解读，侧重于从企业内部分析服务增强对企业绩效和竞争力的提升价值，而忽视了供应商以及制造企业在整个制造业服务增强中的角色定位。

◎ 制造企业服务增强的动因与风险

近些年，很多国外制造企业都在积极拓展布局自身的服务业务，从以产品销售为主的盈利模式向通过服务创收的盈利模式转型。例如，相关研究显示，财富 500 强的制造企业中，除了 IT 和家电领域，其他行业的制造企业服务收入在总收入中的占比普遍超过 1/3，而服务业务创造的利润增量更是占到企业全部利润的一半以上。Gann、Salter 等学者将制造企业通过服务转型拓展利润渠道、提升竞争力的现象称为“服务增强”（Service Enhancement）。

就我国而言，制造企业的服务营收占比仅为 5% 左右。因此，积极开展服务业务、拓展新的利润渠道，既是新常态下我国制造企业突破发展困境、实现转型升级的必然要求，也有助于增强我国制造产业的整体竞争力，改变我国制造业在全球产业分工中的不利地位。

◆ 制造企业服务增强的动因

经济新常态下，国内制造企业实施服务增强竞争战略的推动因素包括以下几点：

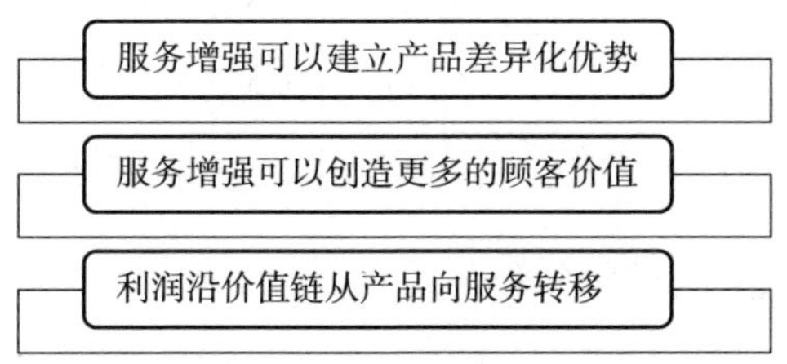

图 7－1　制造企业服务增强的动因

（1）服务增强可以建立产品差异化优势

与容易复制模仿的产品和技术相比，服务的无形性、生产与消费不可分割性等特质，使其具有较大的独特性和唯一性，难以被全面复制模仿。因此，通过服务增强整合产品与服务，有助于我国制造企业摆脱同质化竞争和“价格战”的泥潭，构建产品的差异化竞争优势；同时，服务增强要求企业从客户角度出发提供最佳的产品服务方案，需要企业深入客户运营流程、与客户进行持续沟通互动，有助于企业与客户建立长久稳定的战略合作关系。

(2) 服务增强可以创造更多顾客价值

顾客价值的核心在于顾客对"利得"与"利失"的感知权衡。从制造企业的角度来看，通过服务增强可以更紧密地与顾客进行连接交互，从而全面准确地了解顾客在使用产品过程中的痛点、关注点与诉求点，及时把握顾客对产品的潜在需求，进而有针对性地在产品中嵌入附加服务，提升顾客的感知价值。

(3) 利润沿价值链从产品向服务转移

服务增强可以帮助制造企业改变单纯依靠产品销售的盈利模式，推动企业利润沿着价值链从增长空间有限产品销售向具有巨大想象空间的服务业务转移。以汽车市场为例，在一个成熟的国际化汽车市场中，汽车行业的利润结构大致为：汽车销售和零部件供应各占20%，其余50%～60%的利润则主要来自产品服务业务。

同时，产品服务化转型也是逐步发展成熟的：最初的产品服务可能只是安装、维修、产品升级等，随着产品服务化模式的成熟，服务内容会不断向产品使用过程管理、废旧产品回收和再制造等方面拓展。

◆ 制造企业服务增强的风险

越来越多的制造企业已经意识到服务增强是新常态下发展突破的必然路径，但这并不意味着企业的服务化转型一定会成功。事实上，很多企业虽然投入大量资源精力拓展服务业务，但并没有获得相应的回报，这是因为制造企业服务增强过程中常常面临着以下风险：

(1) 企业文化冲突风险

与标准化的产品相比，服务更加个性化，没有统一标准，企业必须根据客户具体情况和要求提供适宜的服务，这就需要制造企业服务人员与客户进行持续深度的沟通互动。然而，不同企业文化间的差异很容易导致服务增强过程中出现企业文化冲突风险。

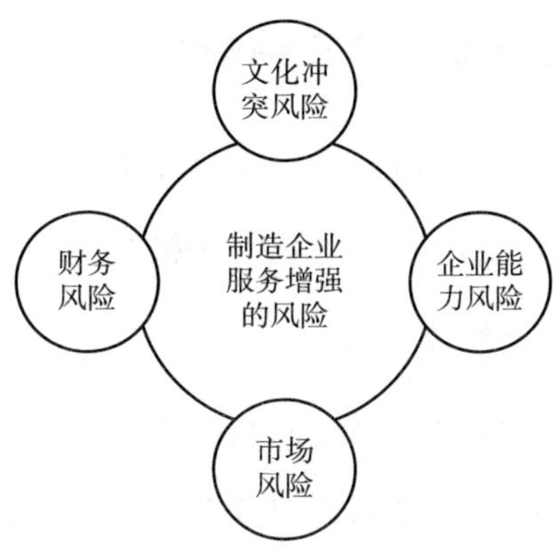

图 7－2　制造企业服务增强的风险

（2）企业能力风险

制造企业的核心竞争力主要源于产品和技术，而服务企业的核心要素是人，是能够进行有效的客户关系管理、为客户提供优质服务的员工队伍。由于缺乏能够提供个性化定制服务的专业服务人才，因此制造企业服务增强过程中常常面临着能力风险。

（3）市场风险

制造企业的服务化转型不能盲目进行，而要基于自身状况和全面的市场调研精准定位服务内容。否则，毫无准备地进入某一服务领域，常常会因为不能准确把握客户需求而造成提供的服务无法获得客户认可，自然也就不能实现利润和产品竞争力的提升。

（4）财务风险

实施服务增强需要制造企业改变以往以产品为中心的投资决策方法和业务评估体系。与产品业务相比，服务业务的初始投入很高，但随着服务模式的优化成熟后期变动成本会大幅减少，因此制造企业在评估服务业务效益时，应综合考虑其对产品竞争力的提升价值。

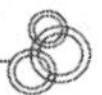

◎ 制造企业服务增强的三种模式

制造企业服务增强主要包括面向客户端的服务增强、面向企业内部的服务增强和基于供应商的服务增强三种模式。

◆ 面向客户端的服务增强

人们购买产品的最终目的是获取其效用而非占有产品本身，因此面向客户端服务增强的核心是帮助客户获取最大化的产品效用。客户关注的重心是产品使用过程中创造的效用，但客户并不了解产品本身的技术属性，难以对产品运行进行优化改善。制造企业则对自己生产出的产品有着全面深刻的理解，能够对产品在客户端的运行效用进行优化，从而为客户创造更多的价值，也借此获取服务收益。

具体来看，制造企业面向客户端进行服务增强时，需要围绕客户效用需求和产品在客户端运行的具体状况与环境，帮助客户制定最适宜的产品使用方案，并向客户提供产品使用培训服务，甚至直接基于客户产品效用需求提供定制化的全方位问题解决方案。

此外，制造企业还要保持与客户的紧密联系，及时为客户提供产品维修服务，甚至通过远程监控系统实时监测产品在客户端的运行状况，从而有效规避产品运行失控风险为客户造成的损失。

纵向来看，围绕产品效用的服务增强主要包括三个阶段：提供"主产品附服务"组合、提供"主服务附产品"组合以及提供"纯服务"组合。可以看出，三个阶段中服务要素的重要性在不断增强，并逐渐从企业的成本结构转移到收益结构中，成为企业重要的收益来源，从而推动制造企业的服务化转型升级。

除了围绕产品效用，面向客户端的服务增强还包括针对产品或服务购买过程优化客户的购买体验，包括产品展示、导购、金融服务、产品配送等环节提供的各种服务。

其中，精准合理的产品展示和人性化的导购服务有助于激发客户的购买欲望，提高产品交易率。以互联网营销为例，制造企业通过关键词搜索优化等多种技术手段让潜在客户快速搜索到自身产品，当客户进入产品页面后，又通过精美的产品图片、详细的产品性能描述和贴心的在线咨询服务等帮助客户全面了解产品信息，快速做出最合理的购买决策，大幅降低客户的购买成本。

同时，有效的金融服务可以帮助客户解决资金困境，根据客户要求提供高效优质的物流配送服务则有助于优化客户购买的便捷性体验。

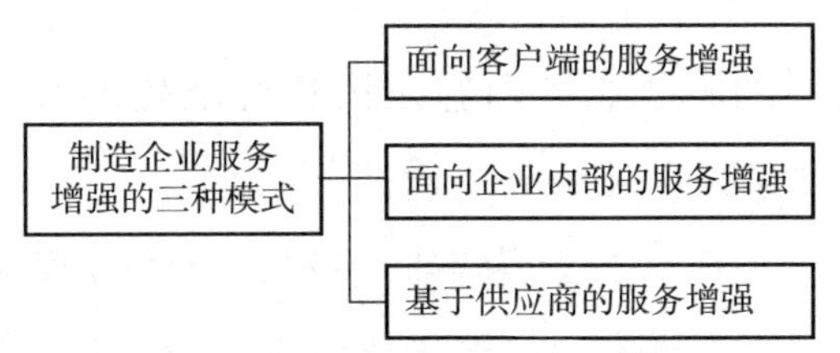

图 7－3　制造企业服务增强的三种模式

◆ 面向企业内部的服务增强

与实体产品不同，服务具有无形性、生产与消费同步发生的特点，因此服务其实是企业通过与客户“合作生产”为客户创造利益或某种价值。从制造企业自身来看，员工是服务业务的核心生产要素，直接影响着客户对企业服务业务的满意度和感知价值。

施莱辛格（Schlesinger）等人指出，企业为员工提供更好的服务可以增强员工的满意度，员工满意度的提升则有助于激发他们更大的工作热情，为企业创造更多的利润。从这个角度来看，面向制造企业内部服务增强的一个重要内容是优化针对员工的组织内部服务质量。

制造企业的员工大致可分为两种：一是与客户直接对接提供相关服务的员工，如企业客服人员；二是为第一种员工提供技术支持或其他辅助服务以帮助其更好地服务客户的员工，如企业技术研发人员。

服务本质上是人与人的交流互动，不论哪种类型的员工，他们的素

质和技能水平都将直接影响制造企业的服务生产过程。因此，内部服务质量优化的一个重要方向是进行科学合理的员工培训，不断提升员工的综合素质与技能水平。

制造企业可以通过生产计划、质量检测等方式合理控制实体产品的生产规模及品质，有效应对市场需求变化，但这种方法显然无法应用于服务业务的生产管理，因为服务具有无形性、不可存储性、生产与消费同时进行等特质，企业很难有效控制服务的产量和质量。

对此，制造企业可以通过以下两种手段来保持服务产量和质量的稳定性：

（1）明确自身的服务业务内容，构建标准化的服务生产流程，从而提高服务生产效率、保证服务质量；

（2）将服务业务内容分解为不同模块，对服务模块进行规模化生产和存储，然后围绕不同客户的差异化诉求进行服务模块组合，从而快速为客户提供最佳的服务解决方案。

◆ 基于供应商的服务增强

从整个产业价值链的角度来看，制造企业服务增强战略必然会对上游供应商提出更高的要求。下面我们分别从制造企业的原料供应商、生产性服务供应商和服务性生产供应商 3 个维度对基于供应商的服务增强模式进行分析。

以往制造企业上游的原料供应商提供的只是资源、能源等实物产品，而在服务增强模式下，供应商将围绕产品拓展相关服务业务，从而突破传统的“一锤子买卖”的交易模式，与制造企业建立持久稳定的战略联盟关系。

例如，能源供应商在为制造企业提供所需能源产品的同时，还可以基于其在能源产品方面的完备知识体系与技术能力，为制造企业提供能源输送、管理和使用等相关服务，提高能源使用效率，为制造企业创造更多的产品效用。

短期来看，制造企业能源利用效率的提升会给能源供应商带来一定的利益损失；但长远来看，供应商提供的能源高效使用服务帮助制造企业节约了能源成本，有利于增强后者的信任，从而建立起长期稳定的战略联盟关系，实现双方共赢。

生产性服务和服务性生产是在社会专业分工不断细化的背景下兴起的，有助于制造企业整合远超自身体量的更多资源人才，提高生产效率、拓展服务范围、为客户提供更专业的优质服务。主要形式为制造企业集中所有资源精力深耕核心业务，而将一些非核心业务外包给专业第三方，从而既强化自身核心业务的竞争优势，又借助外部的资源人才拓展服务范围、降低服务成本、提高客户满意度。

例如，制造企业与第三方金融机构和物流企业合作，为客户提供专业个性的金融与物流配送服务，从而有效解决客户购买产品的资金困境，优化客户购买的便捷性体验。较为典型的服务型生产企业是富士康，其主要业务是大量承接各个制造企业的零部件生产，以此形成规模效益，实现降本增效；各个制造企业则通过将非核心部件的生产工作外包给富士康，得以集中更多的资源精力投入到核心业务，强化自身的核心竞争力。

◎ 制造企业服务增强的战略举措

◆ 服务增强战略的理论依据

制造企业服务增强战略的理论依据主要包括“三次产业划分理论”“微笑曲线理论”和“区域竞争优势构建理论”。

(1) 三次产业划分理论

该理论最早是由英国经济学家科林·克拉克（Colin Clark）于 20 世纪 50 年代提出的，他将人类社会经济发展的历程概括为：经济重心从第一次产业（即第一产业农业）向第二次产业（即以制造业和采掘

业为标志的第二产业）再向第三次产业（即通过提供服务获取收益的服务业）的逐步转移过程。

随着互联网信息技术革命的深化发展，有学者将信息产业称为"第四次产业"，并认为经济重心正向该领域转移。

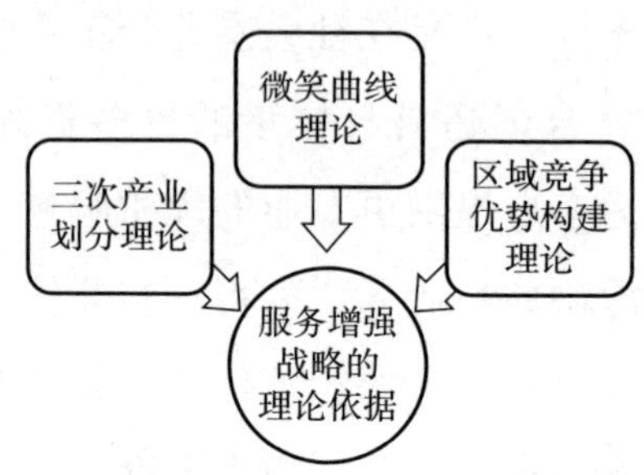

图 7－4　服务增强战略的理论依据

（2）微笑曲线理论

这一理论是台湾宏碁公司总裁施正荣于 20 世纪 90 年代初提出的，其核心观点是：业务工序附加值的高低主要是由该业务在产业链分工中的位置决定的。通常而言，产业链上游的产品研发设计、核心零部件生产以及产业链下游的渠道运营、品牌管理、售后服务等业务工序能够创造更多的附加值，获得的利润回报较高。

（3）区域竞争优势构建理论

全球经济一体化背景下的国家竞争更多地体现在以区域为基本单位的比拼。该理论通过有机整合比较优势理论、波特的竞争优势思想和潜在效益的释放，对不同层面的竞争力进行分析。区域可以通过集聚经济的间接传递机制，有效对接产业层面的竞争优势与国家层面的比较优势，并将两者整合到同一个框架之中，以此提升区域经济整体竞争力。

◆ 国外制造企业服务增强战略的成功经验

（1）美国由制造业王国向服务业王国的成功转型

以芝加哥城市群（芝加哥—内伯维尔—朱利厄特）为例，该地区通过对商业、金融服务业、物流运输业等诸多服务产业的深度挖掘和整合发展，逐渐从单一的制造业中心转变为具有更广阔发展想象空间的多元化城市经济体。

（2）日本实施服务型制造的成功转型

以大阪为例，作为日本第二大经济中心和关西地区的核心城市，该市经济具有明显的服务经济特质。例如，2007 年大阪市的国民生产总值约为 41.75 万亿日元，其中农林渔和采矿业的占比不到 0.1%，制造业比重约为 18%，服务业的产值规模占比则高达 76.27%，各类细分服务领域如批发零售业、房地产业、商业服务业、专业服务业等均十分成熟。

◆ 制造企业服务增强的战略

总体来看，我国制造企业服务增强的战略举措包括以下几点：

（1）构建开放包容的企业文化。制造企业在刚开始拓展服务业务时，可以先成立一个独立部门专门负责服务业务，以避免与企业文化产生冲突；当企业充分认识到服务增强的价值或者服务业务为企业带来了切实效益后，自然会逐渐在文化和价值层面认可和接受服务部门，这时再将服务机构整合到企业内部。

（2）不断培育和增强员工对服务业务重要性的认识。制造企业管理人员需要突破以往产品制造的思维模式和效益评估体系，根据服务业务的无形性、生产与消费同步进行等特点制定科学合理的财务策略，并加大内部成员的培训投入，让每位员工充分意识到服务增强对企业跨越式发展的重要价值，树立服务思维。

（3）以市场为导向制定逐步推进的服务业务开发战略。服务的目的是帮助客户获取更大的产品运行效用，因此制造企业应以市场为导向，围绕客户产品使用中的痛点和潜在需求有针对性地开发新服务，如此才能真正为顾客创造更多的价值，赢得客户的认可和信任。

（4）制定明确清晰的服务开发流程：服务业务开发不是一蹴而就

的，是一项包含诸多反馈环节的系统性工程，通常包括以下几步：

★ 确定目标市场；

★ 根据市场需求有针对性地开发服务内容；

★ 通过客户参与的初步试验发现问题并不断优化服务内容；

★ 推出服务产品。

经济新常态下，不论是日益严峻的国际市场竞争环境还是客户需求的复杂化、个性化，都要求我国制造企业必须拓展服务业务，进行服务化转型升级，以便突破发展困境、提升竞争力。不过，制造企业管理者在充分意识到服务增强的价值并积极拓展服务业务时，也必须对服务开发的复杂性、潜在风险和内外部制约因素有全面深刻的认知，根据自身状况和客户需求制定合理的服务增强战略，提高服务业务的投资回报率。

7.2 基于产品的服务增强制造模式

◎ 拓展供应链增值服务

大部分企业对“增值服务”都比较熟悉，由于增值服务有利于企业提高客户黏度，能够使企业积累更多的长期用户，很多国内企业都开始发展增值服务。举例来说，有的企业为客户提供长时间的产品保修服务，有的企业不仅承担产品设计及生产职责，还负责提供售后的产品组装等一系列服务。

但随着竞争的日益加剧，企业需要推出差异化服务。那么，如何才能实现创新？在这方面，企业应该站在客户的立场分析问题，发现客户的内在需求。

对制造企业而言，其运营离不开各种形式的价值创造活动，这些活动包括产品设计、供应、营销等，企业的价值链也是由这些环节连接而成。为了寻找更多的服务机会，制造企业应该对各个价值链环节进行分析，找出可能使客户产生困惑的细节，并为其提供解决方案。

在企业把产品传递给客户的过程中，以产品为基础的增值服务会存在于包括产品流通、产品销售在内的各个环节。为了提供差异化的服务，制造企业除了要优化产品功能、提高产品质量，还要进一步把握客户选购产品的目的及其需求，并为其提供相应的服务。

如果制造企业具备完善的供应链，就能以自身服务能力为核心开展

运营，面向下游企业输出自己的服务。其服务项目能够囊括企业运营的各个环节，包括产品供应、产品存储及管理、零部件管理等。企业能够通过服务提供拓宽自己的利润来源渠道，还能帮助合作伙伴提高运营效率，推动其发展。

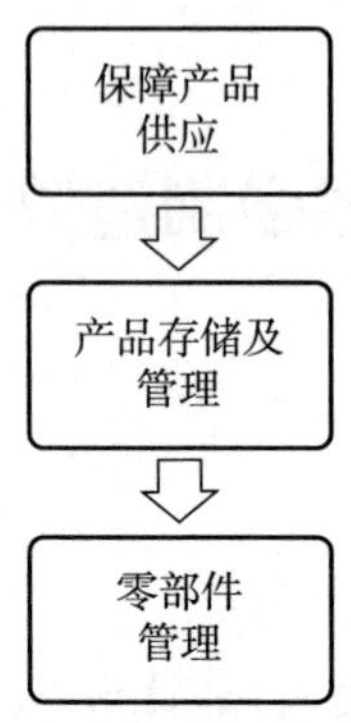

图 7－5 供应链增值服务管理

（1）保障产品供应

根据企业信息系统的提示，在发现缺货时及时补充，保证产业链下游各个环节的货品供应，促进企业提高销量。

（2）产品存储及管理

帮助下游企业进行原材料及零部件的存储，降低库存消耗，实现零部件的高效调配，加快产品生产。

（3）零部件管理

零件制造企业借助现代化服务手段，在下游企业完成产品销售之后，为其售后服务部门提供相应的零部件，使企业为顾客提供满意的售后服务。

国内汽车企业在物流环节的消耗占比较高，中国汽车制造企业的物流成本在总体销售额中的比重远远超过欧美及日本。面对激烈的市场竞争，长安汽车集团应用先进服务手段帮助合作企业降低在供应链方面的成本消耗，并实现自身成本控制，进而提升利润空间。

长安民生物流公司隶属于长安集团，该公司负责统一管理订单资源，并推出停车场管理、上门服务等，方便客户及时查询预订车辆的位置信息。

此外，该公司借助于全球定位系统、条形码识别系统及电子数据交换（EDI）系统实现快速提车，通过整合不同运输渠道的优势，使产品能够快速运抵经销地点，对市场变化做出及时、迅速的反应，着力促进产品销售，减少精力分散与资源浪费。

◎ 售前与售中增值服务

国内企业一直将销售部门作为不可缺少的一部分，但多数企业难以突破传统营销策略及销售途径的限制，对个性化服务及品类管理的涉及不多，也很少向客户提供金融服务及电子采购服务。事实上，企业能够通过服务提供促进客户的发展，例如，通过电子采购服务使采购企业在议价过程中掌握更多的话语权，节约成本。

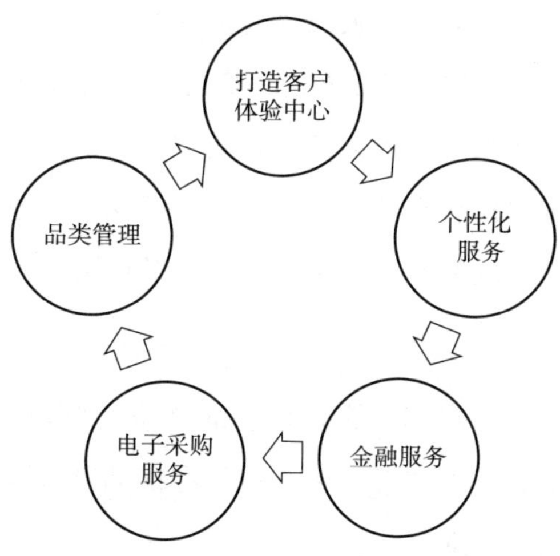

图 7－6　售前与售中增值服务管理

(1) 打造客户体验中心

通过平台建设及运营，方便客户自由发表意见，对产品改进提出建议，使客户对自己的产品及服务更加满意，从而提高企业的信誉度，依据客户的反馈意见进行产品及服务的改进与优化。

(2) 个性化服务

在与客户交流过程中把握其个性化需求，据此进行方案设计，牢牢吸引那些关注自身独特需求，并愿意进行消费体验的客户群体。

德国保健品制造企业 Sovital 为了在市场上维持自己的地位，开始转变发展思路，对市场需求进行调查。经调查分析发现，通用型维生素药片已经无法满足高端客户的需求，他们希望公司能够满足其个性化需求。

针对这种需求，Sovital 公司开始向顾客提供定制化服务，并将其命名为“My Mix”。顾客在经过诊疗咨询，或者按照要求填写调查问卷上传给公司之后，就能享受公司提供的定制化保健产品，该产品与其自身的健康需求及日常饮食习惯相匹配，能够满足其个性化需求。

选择 My Mix 服务的顾客既能通过服用一种药片来满足自己的身体健康所需，无须每天服用多种药片，还能有效提高药品疗效。对 Sovital 公司而言，企业通过提供个性化服务，从众多竞争对手中脱颖而出，通过与众多高端客户达成交易关系提高了自身的收益。

(3) 金融服务

如果产品本身成本较高，客户可能面临资金问题。针对这种情况，企业可推出金融服务，为顾客提供支持，在推动顾客发展的同时，有利于提高企业信誉度，促成与更多客户达成交易。

(4) 电子采购服务

在应用先进技术的基础上，通过网络平台向客户提供相关数据信息，方便客户了解订单处理情况，进行交易数据下载，确保双方交易的顺利完成等，为客户的采购管理提供完整的解决方案，节约成本。

惠而浦是全球知名的大型家用电器制造商，在其所有贸易合作伙伴中，有 1/4 为中等规模的销售企业，惠而浦每年来源于中等规模贸易合作伙伴的收益占到总体的 1/10。因为规模限制，这类销售企业与惠而浦之间的交易比较分散，多通过电话或传真传递自己的需求信息，难以提高运营效率，采购成本也居高不下。针对这个问题，惠而浦应用电子商务，推出面向中等贸易伙伴的网络服务平台，方便他们通过线上渠道下单。

借助于网络服务平台，惠而浦的贸易伙伴能够进行产品选择并直接点击下单，查询订单的处理进度，对账单信息进行核对，等等。惠而浦的网络服务平台能够全天候正常运营，方便客户随时查询与提交订单信息。通过使用电子订购服务，惠而浦的贸易伙伴能够快速提交订单，及时拿到自己预定的货品，还能对交易信息进行核查，提高交易安全。

对惠而浦来说，企业的差异化服务受到了许多中等规模销售商的青睐，公司的线上渠道运营大大增加了整体的利润获得，并有效降低了传统订单的成本支出，同时降低了企业的交易成本。

（5）品类管理

制造商同分销商联手，以顾客的消费特征及习惯为前提，推出不同形式的促销服务，增进分销商与制造企业之间的联系，实现共赢局面。具体服务形式包括：推出新产品、优化商品组合、改革以往的产品展示方式等。

◎ 通过售后服务创造利润

国内企业主要通过售后服务部门来增加客户对自身产品及服务的认可度，却很少通过售后服务的开展进行价值输出，或者用来拓展企业的收益途径。在这方面，处于优势地位的世界级企业推出多种形式的售后

服务，成功吸引了大批客户，并通过服务提供获取收入。售后服务主要包括如下几种：

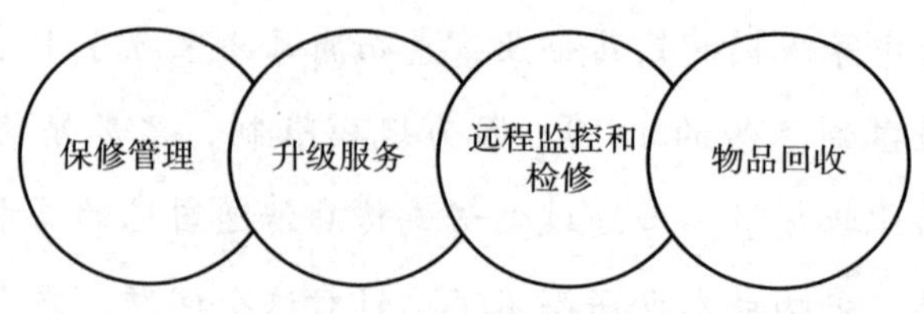

图7－7　售后服务管理

（1）保修管理

在收取一定费用的基础上，向客户提供更长时间的保修服务，在产品出现问题后及时帮助客户解决。制造企业通过保修管理，既能有效提高客户的黏度，又能增加企业的获利渠道。

（2）升级服务

向客户提供升级服务，以更新应用软件或产品附件的形式来实现用户体验的优化，进一步提高客户的满意度。

（3）远程监控和检修

依托远程监控技术对产品运营情况进行检测，及时发现问题并提供解决方案。

如今，车主对汽车安全性的要求不断提高，除了希望产品安全特性能够满足其需求之外，制造商向车主提供的一系列安全服务也受到客户的重视。针对客户在安全方面的多样化需求，瑞典著名汽车制造商沃尔沃推出各式各样的安全服务项目。

例如，沃尔沃新XC90车型安装了City Safety城市安全系统，该系统对外部环境的适应性很强，可以在弱光环境下正常运转，并识别周边的车辆、自行车与行人，减少车辆发生碰撞事故的概率，大大提高了驾车安全。不仅如此，在汽车出现故障之后，该汽车公司的服务中心还能启动紧急救援服务，做好后续处理工作。通过提供全方位的安全服务，沃尔沃获得了“世界上最安全汽车”的殊荣，有效提高了自身品牌的美誉度，成功吸引了注重安全性客户的目光。

（4）物品回收

企业可推出以旧换新、统一处理废旧产品减少环境污染、回收旧产品等服务，在客户使用产品过程中推出特色的人性化服务，进一步提升客户的产品拥有体验。

◎ 优化客户企业整体运营

制造企业也能够凭借自己在价值链和商业管理职能方面的能力，向客户提供独立于产品的专业服务。企业通过服务提供来优化客户企业的整体运营，最终实现成本控制、效率提高、竞争优势突显等目的。

例如，作为全面通信解决方案以及专业服务供应商，爱立信公司面向电信运营商推出一系列运营外包服务，在具体运营过程中，除了自身的通信设备之外，其服务团队还对客户的电信网络实施监管，并以服务提供为标准向客户收费。企业要在价值链的各个环节寻找客户需求，并为其提供增值服务。

价值链上的各个环节中潜藏着企业提供增值服务的商机。为了更清楚地说明这一点，这里对供应链领域与业务支持领域进行重点分析。

◆ 供应链领域

现阶段，我国供应链外包服务仍然拥有广阔的开发空间，数据统计显示，物流外包服务在 2010 年的增长率接近 25%，该领域潜藏的服务机会有：

（1）采购服务。依托企业完善的供应商网络及企业在供应商管理方面的能力，代替第三方企业完成采购过程。例如，供应商的价值判定及筛选、需求信息传递、供应商管理等。

（2）专业物流服务。依托自身完善的物流配送体系，以及企业在

物流管理方面的优势，代替第三方企业进行货品运输及物流管理。例如，物流规划、流程重构、货物仓储、物流配送、进出口手续办理等。

（3）逆向物流服务。向第三方企业提供逆向物流服务，促进企业实现成本控制。例如，退货服务、废旧产品处理、产品回收等。

创立于1984年的海尔集团在发展过程中逐步拓展业务规模，海尔的物流网络也覆盖了国内各个地区。但是，在物流环节的成本消耗使公司面临巨大挑战，但物流服务提供商无论是在业务规模，还是在完善程度上，都无法满足海尔的物流需求，导致海尔难以采用外包形式解决问题。针对这个问题，海尔于1999年创办海尔物流公司，并推出面向其他企业的物流服务。

海尔物流公司的具体服务项目有：方案制定、仓储管理、物流配送、产品包装、订单处理、进出口手续代办、货贷服务、供应链信息管理等。该公司面向家装行业、汽车销售、零售业等提供相关服务。海尔曾跻身"中国十大物流企业"，与宜家、伊利、富士康、通用电气为代表的诸多知名企业达成合作关系，为其提供全方位的物流解决方案及服务。

启明公司的早期发展形态是中国第一汽车集团公司电子计算处，于2000年10月25日创办独立企业，如今扮演着汽车管理软件、电子产品及专业服务提供者的重要角色。在为自身发展提供服务的同时，启明公司逐渐了解到国内企业汽车制造领域因缺乏专业服务提供在发展中遇到的阻力，据此推出针对性的服务项目。

以技术外包、信息管理咨询为代表的信息技术服务只是启明公司整体服务的一部分，在运营过程中，该公司根据企业客户的特定需求，通过应用全球定位系统，帮助他们实时监控物流运输情况及货品到达位置，并建设网络采购平台，服务于供货商及客户企业。合作企业借助启明公司在服务提供方面的优势，能够获得其数据及信息资源的支持。除在汽车行业受到众多客户的青睐之外，启明公司也在制造领域展开布局。

若企业本身的实力条件有所欠缺，在运营能力或业务发展方面都有待进一步发展与完善，就无法向其他企业提供独立于产品的专业服务，也无法通过服务提供来增强自身的核心竞争力。当企业本身具备足够的实力条件时，为了使企业内部的服务部门独立于产品系统，进而趋向于市场化发展方向，企业就必须对原有组织方式进行改革。

除此之外，市场对专业服务的接受程度也是企业不能忽略的因素。现阶段，相比于由服务提供商代劳，很多行业的客户仍倾向于自己承担一切。面对这些问题，企业在向专业服务转型过程中需要克服重重困难。

虽然基于产品的增值服务开发模式与独立于产品的专业服务开发模式，在实施过程中对企业的要求不同，但这两种模式之间也能和谐共处。如果企业本身拥有足够的服务能力，就能向客户提供一系列增值服务与专业服务，并将两种服务模式融为一体，为客户创造更多价值，减少客户在运营过程中遇到的阻力。当企业能够顺利实施两种服务模式时，就能最终完成自身转型。

◆ 业务支持领域

所谓业务支持活动，即企业本身或服务提供商通过价值创造，为企业在运营过程中的生产、销售、商品配送等环节起到推动作用，具体表现形式有信息管理、人力资源管理等。由于业务支持活动发挥的是辅助作用，很多企业对其重要性都缺乏认识。

尽管如此，仍有一部分企业将业务支持活动视为提高企业整体竞争力的有效手段，有些公司就以提供业务支持服务展开自身运营。这类企业向其他企业提供支持，推动其管理及运营业务的开展，例如，对企业员工进行组织与管理，对企业财务状况进行梳理，等等。客户则能够通

过外包形式，将用于组织与培训专业人才、购买设备的资金节省下来，降低自身的成本消耗。如今，许多国内企业也开始学习世界知名企业，采用外包方式，将非核心业务交给第三方来完成。

（1）信息技术外包。承担客户企业的信息技术项目开发、管理及维护工作，包括战略制定、数据中心管理、应用服务外包等，企业通过外包形式，能够节约成本，并享受专业的信息技术服务。

（2）呼叫中心。代替客户进行呼叫中心的管理与运营，包括通信设施及相关技术的引进、人才组织与培训、电话客服业务等。该服务的提供能够帮助客户降低成本消耗，提高管理及运营效益。

（3）人力资源外包。代替客户进行后台业务管理，包括风险管理、税务办理、人才引进与培养、为员工发放薪酬等，能够将企业中多余的部门裁减掉，加快基础性工作的处理进度。

对国内制造企业而言，要从重产品的初期发展阶段朝服务化方向转型，可以选择如下两种方式：以产品为前提的服务开发，或者是独立于产品的专业服务提供。企业怎样才能找到适合自己的道路呢？

相比之下，基于产品的服务开发模式比专业服务模式的实践难度要低一些，大部分国内制造企业会选择难度较低的转型方式。另外，以产品为前提的增值服务，需要企业在产品生产方面具备足够的优势，其实施有助于提高用户体验。国内制造企业在生产方面积累了丰富的经验，可以通过增值服务的开发与提供进一步提高竞争实力，在激烈的市场竞争中维持自身地位。

7.3 基于服务创新的服务增强制造模式

◎ 提供服务导向的解决方案

当企业从初期阶段以产品制造为主，到后来围绕服务运营向客户提供解决方案，帮助客户提高运营效率，降低成本消耗时，意味着企业已经进入到了服务转型的成熟阶段。

企业要想成功转型，就要切实把握客户需求。以深度为标准，客户需求分为 3 个层次：第一层为能够直接察觉到的表层需求，是指客户在进行产品选择时的意愿表达；第二层为实际需求，主要指客户选择某产品的缘由；第三层为内在需求，是指驱动客户做出消费决策的本质原因，客户本身对其潜在需求的认识也比较模糊。

以服务为中心的解决方案，旨在找出客户的内在需求，这种需求潜藏在客户购买某产品的背后，客户本身缺乏清晰的认识，或将来源于不同企业的产品与服务结合起来寻求解决之道，但并未通过专业服务提供商来解决问题。

例如，某企业表示自己要引进先进的信息存储设备，将其需求信息传递给了相关企业。储存设备生产企业在接到其需求信息之后，会向客户介绍自己的产品。以服务为中心的解决方案提供商则对客户的内在需求进行深挖，认识到客户之所以要引进信息存储设备，是为了对其内部

的业务数据进行分类管理与储存。据此，服务提供商会帮助客户打造数据存储平台，并为其提供平台管理服务。

在与客户进行沟通、向其提供服务的过程中，服务提供商能够对客户的经营规划及业务模式有所把握，经过调查后发现，客户之所以判定自己在信息存储方面出现了问题，是因为不同部门之间的信息相互独立，管理者在研究企业经营状况、制定发展决策时，不能参考整合之后的业务信息，因此，企业真正需要的是信息整合服务，而不是引进信息存储设备。

从中能够得出的结论是，以服务为中心的解决方案提供商既要对客户的内在需求进行挖掘，又要擅长处理企业运营过程中出现的各类错综复杂的业务困难，通过服务提供帮助客户解决关键业务问题。

从客户的角度分析，以服务为中心的解决方案能够使其从中获益。在这种服务模式下，客户能够享受到方案实施过程中服务提供商的各方面支持。在传统模式下，客户需要自己将来源于不同供应商的产品及服务拼接起来，如今，服务提供商能够代替客户完成这些工作，并依靠自身的专业能力，将不同产品与服务融为一体，为客户提供系统化的解决方案及相关服务项目，并将最终的实施成果展现出来，客户无须干涉其执行过程，也不用在产品搭配方面投入过多的时间与精力。

从服务提供商的角度分析，要扮演服务提供者的角色，就要对原有运营方式及业务模式进行调整，改革传统业务流程，设置服务价格，进行项目运营与管理。另外，随着服务业务的拓展及客户需求的提高，企业依靠原本的产品及服务能力难以为客户提供满意的解决方案，为此，企业应该提高自身方案的包容性，整合其他合作企业的产品与服务资源，进而提高自身的运营能力。

随着企业向服务化转型的发展，企业的收益渠道将逐渐转向服务提供而非产品制造。因为基于服务的增值业务运营，需要企业对原有业务模式进行改革，中国企业需要对新服务模式的市场接受程度进行了解，并在发展过程中逐步积累自身运营能力与竞争优势，推动自身转型。企业改革的过程是渐进的，从 IBM 公司的转型历程就能看出，企业向服务化转型的过程并非一帆风顺。

国际商用机器公司（IBM）在向服务化转型过程中，经历了许多波折。该公司在早期发展阶段聚焦于计算机主机生产，但进入 20 世纪 90 年代，公司发展面临巨大的压力。一是该公司在管理方面遭遇挑战。由于企业无法准确把握客户需求，内部组织方式缺乏灵活性，使公司的服务组合无法满足客户需求，而来源于服务业务的收益也难以提高。二是随着外部市场的发展与变化，传统的软件产品及硬件设备提供无法对接客户需求，企业的总体收益开始下跌，而随着加入该领的企业数量不断增多，企业面临日益激烈的竞争，处于劣势地位。所以，进入 20 世纪 90 年代，IBM 公司接连 3 年出现亏损，公司陷入发展困境。

于 1993 年出任 IBM 董事长兼 CEO 的郭士纳承担起填补公司亏空的艰巨任务，郭士纳对市场需求进行分析后认识到，虽然客户面临多种多样的产品选择，但市场上的现有产品之间是相互独立的，无法满足客户对整合式服务的需求，郭士纳便带领 IBM 走向服务化转型，通过整合彼此间独立的产品与服务向用户提供系统化解决方案。

在初期阶段，IBM 主要采用捆绑式或单点式供给组合模式，把企业的产品或服务组合起来推向市场，或单独出售，目标群体集中于部门经理与终端消费者；在后续发展过程中，IBM 更加注重客户需求，以首席执行官、首席信息官为目标群体，为其提供关键业务问题的解决方案，帮助他们实现成本控制，进行财务管理，拓展企业的利润空间。

在转型过程中，IBM 公司在以下几个方面实施了变革：

（1）内部筛选、外部吸纳擅长服务管理的优秀人才；

（2）不再经营应用软件，借助第三方应用软件厂商的资源能力，完善自身提供的解决方案；

（3）在发展过程中逐步优化服务供应链，在改进业务托管服务、技术服务的同时，对基础架构进行调整，并提高自身的系统整合能力，向客户提供全方位的业务咨询服务；

(4) 为服务部门的发展提供资金支持；

(5) 使服务部门与其他部门能够各行其是，通过改革原有组织架构，对不同部门间的业务分配进行优化；

(6) 对销售流程进行规范，使产品部门与服务部门的运营相配合，从整体上提高用户体验；

(7) 对原有绩效评估机制进行调整，使员工绩效与客户对其服务的评价直接挂钩，促进员工重视服务的价值；

(8) 打造服务管理的系统，为服务实施提供保障；

(9) 建设知识共享体系，在服务提供过程中积累经验，并将其作为企业优势，用于日常运营中。

IBM 在发展过程中显示出企业的竞争优势，也因此与多家知名企业签订了服务合同，与它们达成战略合作关系，例如，宝洁公司与 IBM 于 2003 年签订人力资源外包合同，合同在 2003—2013 年生效，在此期间，IBM 服务于宝洁公司在世界多个国家的员工，为其提供薪酬、奖金、移民手续办理、出差、补偿等在内的管理及服务，进行人力资源信息存储与管理，并帮助宝洁公司进行人力资源系统的完善与优化，使宝洁不必在人力资源管理方面耗费过多的时间与精力。正是因为 IBM 进行了企业转型，才能为合作伙伴制定出全面而优质的系统化解决方案。

IBM 经过转型取得了显著的发展成就。数据统计显示，IBM 在 2008 年的营业收入达 1000 亿美元，税前利润高达 167 亿美元，在世界范围内居于前列，也刷新了公司的历史纪录。至此，服务业务也成为公司的重要构成，IBM 来源于服务的收入比重到 2008 年时，比 1994 年增加了 30%。

从 IBM 的转型过程中能够看出，企业在管理产品与管理服务方面是存在明显区别的，相比之下，服务业务的管理对企业运营能力的要求更高。服务流程与产品流程是不同的，两者的业务模型也存在区别。为了提高服务管理能力，企业需要在长期运营过程中积累实践经验，还要在资金方面给予足够的支持。

◎ 创新企业的传统业务模式

目前，不少国内制造企业都有意向服务化转型，但考虑到企业转型之后，原有的业务模式、运营模式、人才组织及其企业文化会阻碍服务业务的顺利开展，在改革面前往往会犹豫不决。那么如何才能为企业服务业务的开展提供支持？事实上，企业在进行服务转型的同时，也要构建高效协同的组织架构，对自身的业务模式、运营模式、人才管理及培养，以及企业文化进行相应的改革，使其与服务业务相适应。

尽管部分企业在改革过程中着眼于服务业务的开发，但经营者缺乏全局性意识，没有立足于业务模式创新的角度，对企业运营能够给消费者创造哪些新的价值进行思考。最终，因为企业向客户提供的服务与其他同类企业十分相似，彼此之间展开激烈的市场争夺，也可能导致服务业务偏离企业整体业务的发展方向，在运营过程中面临重重困难。

所以，企业在进行服务转型时，首先应该对自身业务模式进行改革与创新，还要重点突出企业特色。要确保新的业务模式符合整体服务战略，在体现服务业务独特性的同时，进一步提高企业的竞争实力，在发展过程中实现优势资源的整合，通过提高整体运营能力来促进业务战略的实施。

经过对 40 多家企业转型案例的分析，IBM 总结出如下 3 种业务模式创新方式：行业模式创新、收入模式创新以及企业模式创新。企业通过实施业务模式创新，既能提高自身的竞争力，快速应对外部市场的变化，又能拓展自身利润空间，加速整体运转，推动企业向服务转型。选择不同业务模式创新方式的企业，能够采取不同措施来推动服务转型。

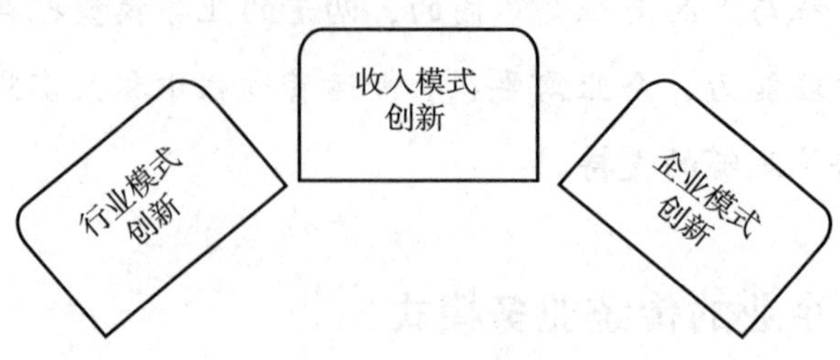

图7－8　业务模式创新方式

◆ 行业模式创新

行业模式创新是指企业开始聚焦于新行业，对原有行业价值链进行重构。

(1) 资产转移

在开发新行业、服务于新客户时，使用企业在长期运营过程中沉淀下来的资产或优势经验。资产转移能够保留企业的经验积累，为新业务的发展起到支持作用。要实现这一点，企业就要协调好不同部门之间的关系，通过整合优势资源推动新业务的发展。

(2) 直面客户

在与顾客进行沟通、向其提供服务时跨越中间商，保持双方之间的高效互动。相比于产品销售，服务运营过程中涉及的因素更多。省略中间环节，能够减少企业的成本消耗，促进其服务体系的完善。要直面客户，企业就要组织专业的客户服务团队，采用直销模式展开运营。另外，企业也能在发展过程中开发新的销售途径，不断拉近与客户之间的距离，其中，网络营销不失为一种有效的途径。

◆ 收入模式创新

企业通过对产品原有组合方式进行调整，或采用新的定价模型增加收益。

(1) 绑定产品与服务

将产品与服务相结合的企业，能够从同一个供应商那里完成产品与服务的采购，并将其连接起来，能够有效降低客户的成本支出。在将产品与服务结合起来推向市场时，企业不仅要关注产品与服务的利润空间，还要在了解市场需求及客户接受度的基础上，进行价格设置。

(2) 创新的定价模型

在传统模式下，服务是企业向产品购买者提供的附赠项目，还有企业采用一次性交易模式开展服务业务。如今，订阅模式成为很多企业的选择，部分企业则依据服务使用情况或者实际价值来收费。企业通过分担客户风险、允许客户选择合适的付款方式来提高他们的认可度，进而增加企业的收益。如果新的定价模式涉及多种因素，企业应该对其利润率进行仔细分析，清楚在运营过程中可能出现的资金问题。

◆ 企业模式创新

企业模式创新是指企业通过整合核心业务及流程，加强外部协作，在价值链中发挥更大的作用。

(1) 整合企业

为了完善自身服务体系，提高服务质量，企业应该将核心业务打通，还要促进各个部门之间的合作。例如，为了使自己的服务与产品线更好地满足客户需求，企业可以将这个任务交给客户关系代表，在客户需要与不同部门进行沟通时为其提供支持。在这个过程中，企业要对原有业务架构进行调整，在向客户提供服务时，能够发挥不同部门的协同作用。

(2) 外部协作网络

无论是在产品设计、营销，还是服务提供方面，企业本身的能力都是有限的，为了克服这种限制，企业应该与第三方达成战略合作关系。以营销环节为例，企业通过联手第三方合作伙伴，可以拓展营销触达

面，将第三方企业的产品与服务纳入到自己的业务中，实现与用户需求之间的对接。

为打造高效的服务合作模式，企业还要对双方之间的合作实施管理，促进长期合作的实现。在这个过程中，企业要了解合作伙伴的发展情况，清楚划分双方承担的职责，使双方能够在处理问题时相互配合，推动自身服务战略的实施。

企业在进行业务模式创新时，应该先清楚自身在整个价值链中的定位，选择与自身特点相符的创新措施，如有需要，还可以将不同策略结合起来实施，从垂直方向挖掘服务的商业价值，增加企业的利润获得。

◎ 创新企业的传统运营模式

在传统模式下，多数制造企业围绕产品生产开展运营。随着服务业务在企业中占据主导地位，为了推动新业务的发展，企业的运营应该突破传统思维的局限性，围绕客户来进行。

具体而言，企业需将客户需求放在核心位置，据此安排内部的组织流程，逐渐形成矩阵式的组织结构，在企业向客户提供服务的过程中，在客户经理的协调及带动作用下，发挥不同部门的优势，为客户提供针对性的解决方案，并将产品与服务结合起来。

通过服务提供，企业能够从各个角度熟悉客户的实际情况，并在销售过程中，与客户之间展开深度互动。为了进一步推动服务转型，企业还需将服务质量、服务水平、客户评价等因素纳入到考核体系中。

有些企业只关注市场开拓，却忽视了服务质量，为了避免这个问题，经营者可通过新模式的探索来满足客户的多元化需求，避免传统服务模式陷入僵化局面。

知名中央空调制造企业远大空调创建于1988年，该公司生产的非电中央空调主机产品已出售至60多个国家，在中国及欧美市场的占有率居于首位。企业通过实施多种业务模式创新手段，获得了长期而迅速的发展。

以行业模式为例，远大经过调查发现，很多住宅面积较大的业主或者大型商业建筑的经营者，更倾向于选择自动化温度控制服务，而不是独立购置空调设备。远大开始针对这类客户提供楼宇自动化服务，为其安装中央空调全套设备，并负责设备维修与保养工作。

再来分析一下收入模式，传统制造企业大都采用定额收费制度，每月向客户收取固定费用，远大则独辟蹊径，以服务覆盖面积为标准进行收费。该公司会与客户签订 5～10 年的合同，在合同有效期内为其提供服务，公司也可获得持续性的收入。

传统制造企业围绕产品生产开展运营，企业的竞争力集中体现于产品本身的制造与技术应用，还有企业在发展过程中积累的品牌优势，对消费者而言，产品的价值主要通过其性能与质量体现出来。随着企业的服务转型，企业要想提高核心竞争力，实现与消费者需求之间的对接，就要组建专业的人才队伍。面对激烈的市场竞争，企业需保证服务销售者及提供者充分把握客户需求，为其提供个性化服务，并对服务项目进行高效管理，避免出现质量问题，从而提高自身发展的持续性。在转型成功后，企业应提高对人才的重视程度。

伴随着企业的服务转型，经营者会将原本用于产品生产的投资逐渐转移到人力资源方面，公司将聚焦于人才资源的管理，而不是一味通过优化库存管理来实现成本控制。为此，企业既要擅长项目规划，又要将人力资源管理、服务业务运营、项目实施等结合起来，为新项目的开展提供人力资源支持，并保证各个环节的负责人能够各司其职。

在传统模式下，企业为提高整体效能，会引进先进技术与设备，对生产线实施优化。进行服务转型之后，企业则会采取有效措施促进服务项目的开展，将在服务实践过程中沉淀的经验应用于各个部门，通过信息共享实现部门间的协同。

另外，企业还要对传统文化实施改革，使客户需求代替产品，成为企业创新的核心因素。为了满足客户的多元化、个性化需求，企业要增加文化系统的开放性，提高全体员工对客户需求的重视程度，并在企业内部形成相应的文化氛围。

第 8 章

制造企业如何构建服务竞争力

8.1 构建企业的客户服务战略定位

◎ 构建企业客户服务体系

在当前的市场环境下，“战略”是一个热门词汇，“客户服务”也备受企业关注，但企业的客户服务要做到什么程度，是否要将“客户服务”纳入企业的战略体系，是亟待研究的一个话题。据了解，在现实生活中，有的企业仅将客户服务视为一个口号，不注重客户服务的质量；有的企业虽明白客户服务的重要性，有意将其提升到战略高度，却不知该怎样做。

众所周知，企业价值链有六大环节，分别是研发、采购、生产、营销、销售、服务，其中服务与消费者最贴近。企业做好服务，能够有效提升客户的满意度，增强客户对企业的忠诚度。另外，借助服务，还可以让产品或者服务实现增值，让消费者价值实现最大化。

当下，后营销时代已经来临，这个时代非常注重消费者体验，在影响消费者体验的几大因素中，客户服务质量就是其中非常重要的一个。甚至，有的企业仅凭提升服务质量就能形成核心竞争力。因此，将客户服务纳入企业的战略体系非常必要。

某民营企业主要生产工业电器，企业规模在业内屈指可数，但产品档次不高，售价较低。在该行业内，高端市场上的产品多来自于国外的知名品牌，产品质量好、性能佳、售价也比较高。低端市场上的产品多

来自于国内的中小企业，以低价取胜，占据了很大一块市场份额。在这种情况下，该民营企业面临的市场竞争的惨烈度可以想象。

为了构建核心竞争力，在激烈的市场竞争中成功突围，该企业在获取规模优势之后，希望借助技术升级实现品牌、产品升级，提升产品售价。但无论是技术升级，还是产品升级，都需要一个过程。

在这个过程中，该企业必须依靠较低的产品价格维护自己的市场份额，同时，还要为未来产品质量与价格的提高做好铺垫。为了做好这项工作，该企业领导在企业产品质量较差的情况下，提出了"以卓越的服务缩短与进口产品的差距"的战略，着力构建客户服务体系。

但该企业的产品档次高低不同，客户规模大小不一，客户来源千差万别，既有国有企业客户、民营企业客户，也有外资企业客户。在这种情况下，企业构建的客户服务体系就必须能同时为高端客户与低端客户服务，要同时考虑国内各中小企业与国外品牌的竞争。

全球日用消费品巨头宝洁公司将服务提升到了一个全新的高度，它为经销商提供了优质而完善的助销服务解决方案。宝洁在销售终端渗透、分销渠道管理等方面拥有强大的领先优势。

宝洁提出了"经销商即办事处"的口号，这个简单通俗的口号体现了宝洁管理层对助销的深层次认识。在实践中，这一口号得到了很好的体现，宝洁公司的所有管理及运营工作都围绕经销商展开，并且充分利用经销商的优质资源来进行终端的铺货及陈列工作。

在宝洁公司看来，经销商不仅是简单的合作伙伴，也是自己的下属销售渠道，通过经销商的力量，可以很好地控制终端市场。所以，宝洁公司会为经销商提供资源支持及管理服务。

例如，宝洁公司会帮助经销商打造宝洁产品专营小组，专营小组的人数通常超过 10 人，可以划分为针对大中型零售店、深度分销及批发市场的 3 种不同类型的销售小组。宝洁公司各地的工厂会安排专业人员对专营小组进行管理。销售人员在为其负责的经销商提供服务时，需要通过“路线访销法”来开展订货、收款、陈列及广告张贴等销售活动。而且专营小组管理者及小组成员会前往经销商公司，为其提供专业的指导与帮助。

除了负责专营小组成员因工作产生的一切费用，宝洁公司也为其要求经销商招聘的专职文员及仓库人员支付工资及奖金。在提升经销商的价值创造能力方面，宝洁公司绝不仅是简单地为其营销推广，而是帮助它们对商品品类、仓储物流、货架陈列等进行有效管理，这种为经销商创造更多利润的做法，使宝洁公司与之建立起了长期的合作关系。

从宝洁的案例中我们可以发现，宝洁将助销打造成一种销售管理体系，但其实现方式并不是对员工进行管理，而是通过为经销商提供服务来实现。宝洁公司的这种助销模式在跨国公司中的应用十分普遍。表面上看，在为经销商提供服务的过程中，宝洁耗费了大量的资源，但这种做法使得其对产品流通及销售终端有着极强的把控能力，并从中获得了高额的利润回报。

◎ 以精准定位实现口碑传播

与普通的卖家相比，对目标群体的精准定位是品牌商具有的一大主要优势。品牌存在着清晰而明确的目标群体，而普通卖家则是向所有的消费者推销自己的商品。

对目标群体进行定位后，通过定制化的产品及服务能将它们转化为自己的忠实粉丝，在粉丝经济时代，谁能积累足够的粉丝谁就有可能成功突围，而积累粉丝的关键就是要利用优质的服务。

在传统工业时代，生产力相对落后，商品供不应求，企业即便不重视服务同样能够发展壮大，而且当时人们的购买力较低，价格与功能是影响消费决策最为关键的要素，服务的影响几乎可以忽略不计。

但目前已经进入到产生过剩的移动互联网时代，同行业企业之间竞争变得越发激烈，消费者的购买力大幅度提升，消费需求也在不断升

级，服务在消费决策中扮演的角色十分重要。所以，提升服务质量来吸引消费者，就成为企业得以保持较强活力与生命力的关键所在。

提升自身的服务质量，能为企业创造大量的价值。当消费者对企业提供的服务感到满意时，商品价格对其产生的影响会被弱化，这样即便企业将产品价格定得高于竞争对手，顾客也会接受，因为人们已经习惯了为这种优质服务埋单。

更为关键的是，如果品牌拥有一定的调性，再加上能够提供优质服务，就很容易吸引那些存在这种调性的消费者，并让他们成为品牌的忠实粉丝，从而实现口碑传播。

很多国内企业都缺乏服务意识，仍在采用价格战的方式吸引消费者，这不但不利于企业自身的长期发展，甚至会给整个产业带来严重的负面影响。为消费者提供优质的服务是建立在充分搜集消费者数据的基础之上，对这些数据进行分析和处理，能够得到消费者的兴趣爱好、购物习惯等各种有价值的信息。

那些打造出强大影响力品牌的企业在创建品牌时，往往就对目标群体进行了定位，并根据这些消费者的用户画像设计出了完善的商业模式。而有些企业却是先创建品牌，然后根据实际的数据来确定目标群体。这种逻辑的差异，显示了二者在服务理念理解方面的不同，这也是为何前者会取得成功的一大主要因素。

事实上，服务不仅体现在线下门店或者线上网店内，在对用户关系进行维护的过程中，也应该让用户感受到企业的优质服务。例如，与粉丝进行交流互动、组织粉丝参加线上及线下的活动等，虽然这不能直接带来经济价值，但能够提升用户忠实度和品牌影响力，从而有效降低企业营销成本、提升转化率。

◎ 服务战略定位的三种类型

要成功地推行企业服务战略，首先要明确企业客户服务战略定位。

目前，关于客户服务的战略定位有三种类型，第一，高成本、高质量的服务战略；第二，低成本、低质量的服务战略；第三，差异化的服务战略。

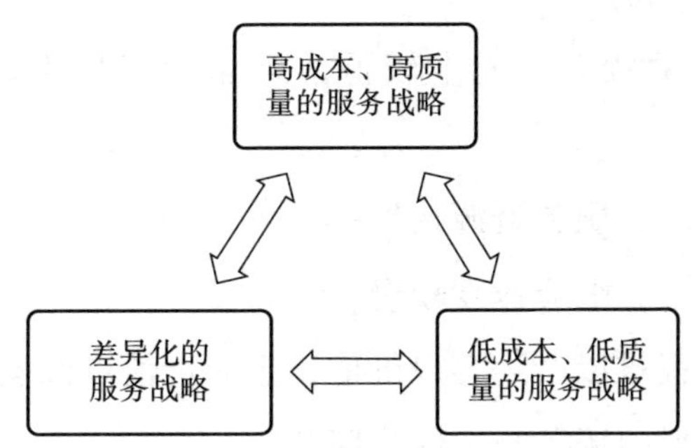

图8－1　服务战略定位的三种类型

◆ 高成本、高质量的服务战略

该服务战略的特点：

（1）服务成本高、质量好，产品价格高；

（2）服务组织以客户为导向，服务资源充足；

（3）力求在客户接触度、服务质量、响应时间、回应能力方面做到最好；

（4）在服务过程中能产生客户价值；

（5）企业价值能有效实现；

（6）能减少客户对价格的敏感度；

（7）客户的品牌认知，品牌偏好，对品牌的忠诚度、满意度都能实现。

案例解析：香格里拉大酒店作为上海一大顶级酒店，交通便捷、环境舒适、服务周到，能让顾客享受到极致的消费体验。香格里拉大酒店为顾客提供的服务，无论是内容还是质量，都是如家等快捷商务酒店不能相比的。从服务定位方面来看，香格里拉大酒店的服务定位就是

“三高”——高服务质量、高服务成本、高服务价格。

◆ 低成本、低质量的服务战略

该服务战略的特点:

(1) 服务质量较差、成本较低,产品价格较低,低价是核心竞争力;

(2) 服务组织、服务资源缺失;

(3) 被动服务,响应速度较慢;

(4) 服务过程难以产生客户价值,企业价值难以实现;

(5) 不提供增值服务与个性化服务。

案例解析:民营航空公司——春秋航空就凭借低成本战略在竞争激烈的航空业立足。相较于老牌航空公司来说,春秋航空的座椅空间较小,不为乘客免费提供食物,不租用登机桥,行李箱重量不能超过7kg,等等,服务内容与服务质量要差很多。但春秋航空的机票价格要比老牌的航空公司低很多,很多乘客就因低票价选择春秋航空。凭借低成本、低质量的服务战略,春秋航空公司经营业绩在业内处于中上水平。

◆ 差异化的服务战略

该服务战略的特点:

(1) 产品差异较大,价格高低分明;

(2) 服务兼顾成本与客户价值,为注重成本的用户提供高性价比的产品,为注重价值的客户提供差异化的服务,来获取产品溢价;

(3) 服务组织设置、服务资源配置都以差异化的服务要求为导向,差异服务根据产品类型、客户价值、客户特征、客户行业特点来确定。

案例解析:中国移动通信有三大品牌,分别是全球通、神州行和动感地带。这三大品牌的定位有明显区别,全球通定位于高端商业人群,神州行定位于普通社会大众，动感地带定位于追求时尚与新潮的年轻用户。

为了更好地为客户服务，中国移动对用户进行细分，以客户价值为依据，为其提供差异化的服务内容。例如，中国移动通信为持银卡、金卡、钻石卡的全球通 VIP 客户专门开设了全球通 VIP 俱乐部，为其提供差异化的服务，借此，俱乐部成员能享受到 3A 服务（优质网络服务、优质客户服务、优质延伸服务），而普通的神州行用户仅能享受到最基础的话费优惠服务。

通过对上述三种服务战略定位的分析，结合该民营企业产品结构与客户结构的特点，该民营企业应使用差异化服务战略进行定位。然后以差异化定位为基础，制定差异化服务方案，成立服务组织，重构服务流程，调整服务方式，优化服务资源配置。

借助于差异化的服务战略定位，该公司员工明确了客户服务的开展方向，并基于此制定了差异化的服务策略，能同时满足中低端客户与高端客户的需求。虽然在短期内，该企业的产品与进口产品在质量方面还存在一定的差距，但是通过提升服务水平与质量，该公司获取了很多新客户，为技术升级、产品升级、品牌升级赚取了充足的时间。

◎ 服务战略定位的落地措施

通过以上案例可以看出，企业的服务战略定位与营销战略是相互关联的。所以，企业要想做好服务战略定位，必须做好以下几点：

◆ 将服务战略与企业营销战略相结合

对于不同类型的企业来说，产品、技术、成本、服务的地位不同，对服务定位的考虑要有所差异。例如，社会服务企业与消费品生产企业，在这两类企业中，客户服务所处的地位不同，服务定位也要有所不同。另外，企业的规模不同、产品结构不同、市场布局不同、渠道布局

不同、人员结构不同、管理水平不同，企业的服务定位都应有所差异。所以，企业要将营销战略的制定与服务定位相结合，对服务发挥出来的作用进行充分考虑。

在上述案例中，海尔的服务领先战略取得了极大的成功，在其营销战略中，服务已成为密不可分的一部分，各种营销策略都与该服务战略定位相契合。春秋航空也是如此，它的服务战略定位也与其低成本战略相配合，为了降低票价采取低质量、低成本的服务战略。另外，有些公司仅为经销商或者大客户提供服务，这也是为了与其营销战略相配合而采取的服务战略。

由此可见，企业要想做好服务战略定位，必须考虑企业的营销战略。当然，企业在制定营销战略时也要充分考虑服务战略定位，最好的做法就是将二者结合在一起。

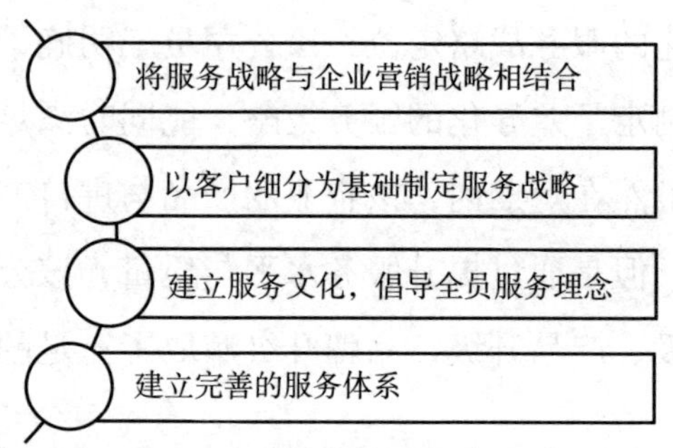

图 8-2　服务战略定位的落地措施

◆ 以客户细分为基础制定服务战略

企业在制定服务战略时，首先要对客户的细分情况进行充分考虑。因为不同类型的客户对企业的价值不同，对服务的需求也不同，而服务需要成本，所以，企业要对产品的目标市场进行详细分析，对不同产品的服务需求、不同客户的服务需求进行详细分析，制定差异化的服务策略。

企业服务战略的制定要以客户细分为基础，这里的客户细分有两种含义，第一，按客户价值进行细分；第二，按客户对服务的需求进行细分。明晰客户对服务需求的差异，描述这类客户的特征，制定有针对性的服务策略，为不同类型的客户提供符合其需求的服务，从而提升客户服务质量，优化企业服务成本与效益之间的比例。

◆ 建立服务文化，倡导全员服务理念

民族倡导民族精神，企业也要倡导企业文化。良好的企业文化能对企业全体员工产生激励作用，保证其工作心态端正，工作氛围良好，进而使工作质量与工作效率得以有效提升，为企业的健康、可持续发展提供良好的保障。

在内涵非常丰富的企业文化中，服务就是其中的一种。如果将服务文化提升到企业战略的高度，企业就需要大力倡导服务文化，向全体员工灌输服务理念，让服务与员工的日常行为相融合，从而形成企业的服务文化。

◆ 建立完善的服务体系

服务战略定位形成之后就要推动其落地发展。引导服务战略落地，企业不仅要形成服务文化，还要建立一系列服务策略。例如，明确企业应提供的服务内容、服务方式、服务承诺，制定科学的服务操作规范和满意度评价体系，建立合适的服务组织，配置一定的服务人员与设备引导服务战略落地。如果缺失服务体系的配合，服务战略就难以落地。

同时，要引领服务战略落地，在服务体系之外，企业还需要强大的执行力。只有每位员工做好自己的分内之事，将自己所负责的服务策略落实好，才能保证整个服务战略落地。另外，对于企业来说，要想做好服务就要做好细节，要以客户接触点为基础提升服务质量，保证企业的服务战略能成功落地。

8.2 产品创新与服务创新的互动策略

◎ 纯粹产品创新模式

进入21世纪后，企业在运营过程中受到诸多环境因素的限制，为适应市场需求，必须进行持续性的产品与服务创新，与此同时，创新能力也成为企业竞争的焦点。在移动互联网时代下，产品更新换代的速度越来越快，企业通过应用先进的技术手段，也可提高自身的创新能力，对产品与服务进行升级。

以往，产品与服务的创新需通过产品及服务自身的改进集中反映出来，如今，在移动互联网时代下，信息技术的水平持续提高，产品与服务创新已突破原有模式的限制。企业在发展产品及服务的过程中，不会局限于原有的思维方式下，而是从更加全面的角度对产品与服务进行优化。

按照之前的思维模式进行的产品创新，是纯粹产品创新模式，在这种模式下，企业主要通过开发新产品来开拓市场；服务类企业则采用纯粹服务创新模式，通过推出新服务开展市场运营。

近年来，产品生产企业及经销商之间展开激烈竞争，与此同时，人们对服务的重视程度逐步提高，服务创新的价值得到突显。在这种趋势下，有些企业为了加快自身发展进程，在经营产品的同时，开始面向消费者提供配套服务，此类企业对产品附加服务创新模式进行了实践。另外，企业可在服务输出过程中获取消费者需求信息，当其用户积累到足够规模后，便可进军制造领域，打造独立品牌，优化传统发展模式。这类企业实践了服务附加产品创新模式。

除了上述几种方式，部分企业在进行创新时，会将现有产品与原有产品，或者现有服务与原有服务进行融合，充分发挥两者相结合的优势。很多科技类企业会采取此类模式进行创新，使新产品或新服务能够更好地对接消费者需求。

纯粹产品创新主要包括以下两种模式：

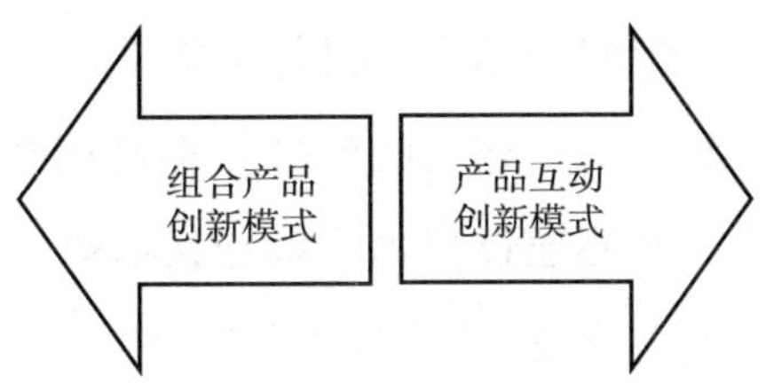

图 8－3 纯粹产品创新

◆ 组合产品创新模式

营销组合的实施离不开产品的支撑作用。营销人员负责的产品决策包括三个方面：单个产品决策、产品线决策及产品组合决策。

所有产品都要经过从早期推出到最终退出市场的过程，而且，消费者的关注点会发生改变，企业之间的竞争也并非一成不变，加上技术等其他因素的影响，企业仅依靠原有产品很难维持自身的发展。因此，企业应该持续推出新产品，对产品线进行横向和纵向的扩张。为此，企业需采用组合产品创新模式。

在这方面具有代表性的是宝洁公司。作为中国最大的日用品消费公司，宝洁推出的产品包括沐浴露、洗发露、牙膏、香皂等，范围非常广。通过不间断的产品创新，宝洁在全球各地进行市场扩张，经过长期的积累与沉淀，宝洁的实力基础越来越雄厚，其创造力也为世人所知。

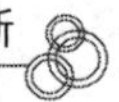

除了宝洁公司之外，康师傅、娃哈哈、联合利华等也是组合产品创新模式的实践者。

◆ 产品互动创新模式

采用产品互动创新模式的企业，不会将新产品与原有产品割裂开来，而是实现两者之间的融合，使其相互补充，进一步提高消费者的依赖性，使旧产品进一步得到用户的认可，并通过新产品扩大企业的利润空间。

以索尼公司为例进行分析，该企业推出的数码产品包括笔记本电脑、摄像机、照相机、游戏产品、手机等都能应用索尼独立开发的记忆棒实现信息共享。如此一来，索尼的产品并不是相互分割开来的，它们既能发挥各自的价值，又能通过技术手段连接起来。另外，由于记忆棒是索尼独立开发的，与其他公司的技术不相容，能够有效提高用户黏度，使索尼在发展过程中形成了完整的闭环生态体系。

◎ 纯粹服务创新模式

◆ 组合服务创新模式

很多企业采用组合服务创新模式进行业务拓展，该模式有渐进性创新与突破性创新两种：对原有服务的形式与风格进行改革属于渐进性创新，增加服务种类则属于突破性创新。

美国西南航空公司是该模式的典型实践者。作为航空公司，其基本服务内容就是运送旅客，并且保证整个运送过程中的安全性和及时性。美国西南航空公司在原有服务的基础上增加了新的内容，在旅途中为旅客引入一些体验项目，使得原本乏味的旅途变成了轻松愉快的行程。这样的创新提升了旅客的体验对顾客形成强有力的吸引，进一步提高了西南航空的品牌知名度，使其在市场上获得优势竞争地位。

实体书店也采用"服务组合创新模式"进行转型升级。以往，实体书店提供的服务仅限于图书销售，满足顾客对知识的需求。现在，实体书店仅依靠原有的服务模式很难生存下去，很多传统书店开始向外拓展业务范围。有的书店在销售图书的同时，还会销售装饰品及其他商品，另外还会提供咖啡等饮品，让消费者边看书边休息，南京先锋书店就是一个典型代表。采用这种创新模式的实体书店，可以通过增加其他服务来提高自身收益，从而解决图书利润空间小的问题，使实体书店能够长期经营下去。

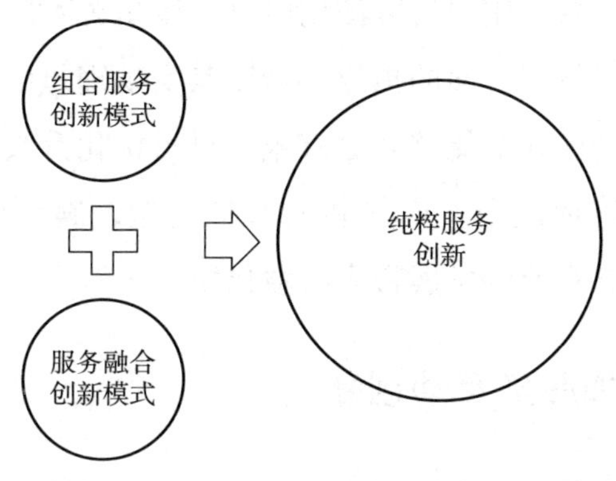

图 8-4 纯粹服务创新

◆ 服务融合创新模式

采用这种创新模式的企业，能够实现原有服务与新服务的联结，使两者之间相互配合、相互补充。通过推出新服务，进一步完善原有服务的功能架构。这样做能够提高整体的服务质量，增强对用户的吸引力，同时给公司带来更多的发展机遇。

大众点评网就是“服务融合创新模式”的典型实践代表。大众点评网创办于 2003 年，该平台的服务定位是，为城市用户者提供消费指导。对用户原创内容的重视，使其形成了海量点评信息，打造出一个包含商家信息、优惠推广以及消费者反馈信息的服务平台。随着移动互联网技术的高速发展，大众点评应用了移动位置服务技术（LBS），并推出移动应用，更好地对接用户的消费需求。不仅如此，大众点评新增的

“签到”功能还进一步提升了用户的使用体验。另外，大众点评还向消费者提供团购服务，一方面，促进了商家的商品销售，方便其锁定目标消费者群体；另一方面，使点评模式与团购模式形成补充，进一步完善了平台的服务。

这种创新模式已经成功应用于互联网行业。例如，谷歌公司在传统模式下仅提供单一的引擎搜索服务，如今，该公司的业务中已经纳入搜索、地图、新闻、邮箱等综合服务内容。而且这些服务都能够通过互联网技术实现同步运营，用户可以使用电脑、手机等不同终端进行查看与操作，为其生活提供多方面的指导，帮助其实现理想中的生活状态。

服务融合创新模式既能够对原有服务进行优化升级，使其适应环境的发展变化，又能促使企业增加新的服务类型，满足更多消费者的需求，可为其他服务企业的发展带来有益借鉴。

◎ 产品附加服务互动创新

大部分制造企业在运营过程中，致力于向市场推出符合消费者需求的产品。然而，近年来，制造领域内展开激烈的市场争夺战，企业的产品缺乏差异化的特征。制造行业的利润空间被逐步压缩，部分擅长经营的企业开始推出优质服务，围绕产品输出，向消费者提供配套服务，从而增加自己的利润获得，并逐步形成完整的发展模式。

制造企业在运营过程中将产品与服务相结合，能够使企业更加从容地应对现阶段激烈的市场环境。具体表现为以下 3 个方面：

第一，企业不再仅仅依靠产品开展运营，能够将产品与服务连接起来，精确瞄准目标消费者，从产品销售中获得更多收益。

第二，企业可涉足与产品相关的服务领域，突破传统发展模式的局限性，增加利润来源渠道，并通过这种方式提高企业运营的安全性。

第三，在向消费者提供产品配套服务的过程中，企业可以获取消费者的需求变化信息，明确消费者对当前产品的接受度，能够使企业与消费者进行深度沟通，增强用户黏度，使企业及时感知市场需求的变化，并迅速采取合理有效的应对措施。

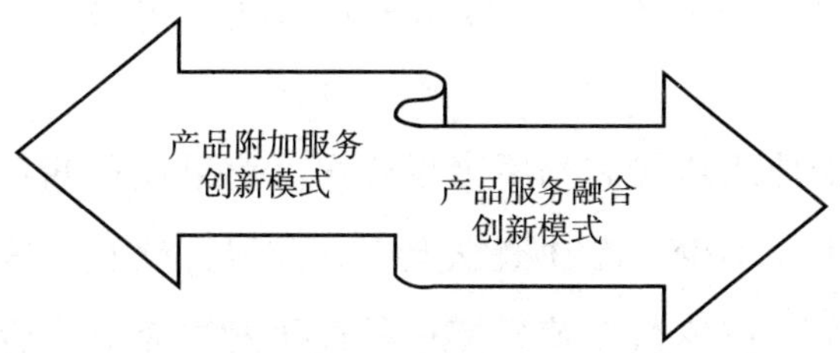

图 8 －5　产品附加服务互动创新

◆ 产品附加服务创新模式

该模式的典型实践代表为汽车 4S 店，如大众、丰田等汽车生产企业，不仅为消费者提供汽车产品，还要求其服务人员接受公司的规范化培训，并开设标准一致的门店，根据消费者需求，为其提供汽车检修、保养等多种服务。

国际商用机器公司（IBM）是计算机产业的领军企业，如今，该公司在保留主机与高端服务器生产的市场地位的同时，在多个产品业务上降低了投入，转而加大了对服务部门与科研部门的投资力度，聚焦于信息技术服务及方案的提供，并在世界范围内成为首屈一指的企业，这个传统制造企业也通过这种方式保持蓬勃向上的发展姿态。

海尔公司也是“产品附加服务模式”的实践代表。海尔通过向消费者提供优质、周到的服务，从而在与同类企业的竞争中处于优势地位。

◆ 产品服务融合创新模式

产品服务融合模式与产品附加服务模式不同，前者指运营方通过为用户提供相关服务提升其消费体验，助力于产品推广与销售，后者则是将产品与服务融为一体。其中，高品质的产品可以为消费者的服务获取提供平台支持，与此同时，高品质服务可以进一步促进产品价值的体

现，从整体上提升消费者体验。企业通过将产品与服务融为一体，逐步建立起闭环生态体系，提高消费者对自身产品及服务的依赖性，降低用户流失率，通过持续进行产品与服务的创新，积累自己的优质粉丝客户。

该模式的最佳实践代表当属苹果公司。苹果在早期发展阶段持续推出新产品，其中，不少产品在概念上十分前卫，然而，这种发展模式给用户留下的印象，仅停留在苹果擅长科技研发层面上，后来，苹果推出iPod多媒体播放器，其音乐软件iTunes也随之面世，该软件的推出，彰显出苹果iPod的差异化特征，苹果的知名度也大大提高。苹果的应用软件商店APP Store为用户的应用下载与安装提供了极大的便利，增加了苹果手机的附加值，不仅如此，通过推出高质量的APP，提高了消费者对苹果产品的黏度，也确立了苹果的优势竞争地位。

◎ 服务附加产品互动创新

◆ 服务附加产品创新模式

采用服务附加产品创新模式的企业早期是通过输出优质服务发展起来的，当其运营获得客户认可并与其达成长期合作关系后，部分企业则以平台优势为基础推出自己的产品。以沃尔玛、家乐福为代表的流通企业是该模式的实践者。此类企业围绕服务提供开展运营，第三方品牌企业的产品通过它们的平台化运营面向消费者，在销售之外，还承担产品包装、配送、售后等一系列服务。当这类企业的运营得到市场认可，便可推出独立品牌的产品。例如，沃尔玛销售的产品中有许多是由企业自己推出的，如今，国内的苏宁电器也拥有许多自有品牌电器，目前正计划推出自有品牌手机。

◆ 服务产品化创新模式

近年来，越来越多的服务企业开始向垂直方向延伸自己的业务，服

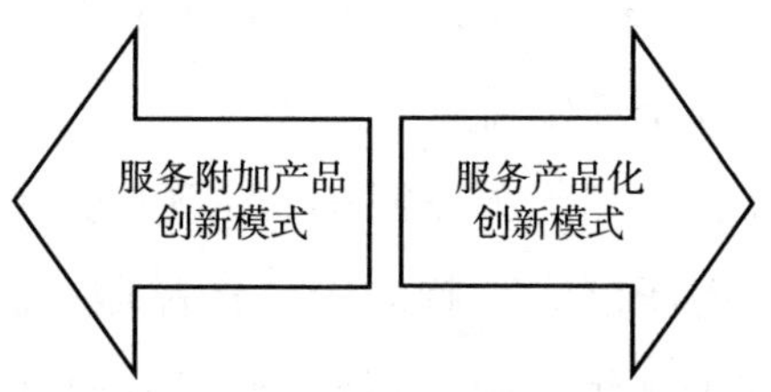

图 8－6 服务附加产品互动创新

务产品化成为众多企业的选择。

采用服务产品化创新模式中具有代表性的为信息技术企业。以谷歌推出的安卓系统为例，该系统为世界各地的程序开发者提供了接口，经过长时间的运营，逐步形成完善的服务生态。与此同时，外部的设备制造商也可在该平台上推出产品。因此，谷歌的安卓操作系统成为许多终端产品的服务平台，其系统应用也越来越普及。

同样具有代表性的例子还有亚马逊，该平台上线电子书出售服务后，又推出电子书阅读产品 Kindle，用户可通过该产品搜索并下载来自多种渠道的电子书资源。通过一段时间的服务运营，亚马逊在电子书市场居于优势地位。其 Kindle 阅读器拥有较高的性价比而得到消费者的广泛应用，与此同时，Kindle 用户也增加了对电子书的购买量。

产品服务化与服务产品化之间存在共性，二者都能创建起具有开放性的完整生态体系，在这个生态体系中的服务及产品提供者、同类竞争企业，以及用户群体等之间存在不同的利益关系，而在这个生态体系中占据主导地位的企业则能从中收获诸多益处，获得长远发展。

经过简单的梳理，能够对服务与产品组合形成的多元化商业模式有总体的了解，不过，对经营者而言，不仅要把握当前发展情况，还要对未来的发展趋势有所认识。

一方面，近年来，国内经济发展与改革日渐深入，消费者掌握更多的选择权，而他们对产品与服务的附加价值提出了更高的要求。在这种情况下，企业仅靠传统的业务发展模式，无法适应市场需求的变化，因

此，企业为提高内部资源利用率，突显自己的竞争优势，必须对原有模式进行创新，从而提高整体效益。

另一方面，企业在产品与服务创新上体现出如下发展趋势：

（1）"产品互动创新模式"趋向于"产品服务融合创新模式"，由于产品的生命周期越来越短，而且不同企业间产品的差异性逐渐模糊，企业难以通过壮大自身经营规模、简单增加产品种类来突显自己的竞争实力，实际产品的运营无法再彰显企业的品牌特色，相比之下，服务的提供更能提高企业的产品价值。在此趋势下，传统制造业开始认识到服务的重要性，引进更多的服务内容，提高服务质量，灵活采用服务方式，从而推动自身企业的转型。

（2）"服务融合创新模式"趋向于"服务产品化创新模式"。该模式的实践集中体现在互联网领域。很多互联网企业在当前以服务创新为主导业务，这类企业面向市场迅速推出各类服务，然后通过第三方制造企业的终端设备触达用户。随着互联网的高速发展及普遍应用，前者的服务提供及作用发挥受终端运营的局限性越来越明显。当企业的服务获得消费者的高度认可时，便可顺势推出自己的独立产品。产品的推出，也能助力于企业服务的推广与销售。

未来，采用"服务产品化创新模式"和"产品服务融合创新模式"的企业将在市场上占据主导地位，届时，产品与服务之间的分割状态将被打破，企业在壮大自身经营规模的同时，会进行模式上的创新，企业之间的竞争将聚焦于细分领域。如此一来，消费者就能够获得与自身需求相对应的高品质产品及相关服务。

8.3 制造企业服务竞争力的构建策略

◎ 从具体服务到精神层面服务

1960 年，美国市场营销协会率先给出了服务的定义：服务是用户出售或者和产品共同出售的活动、利益、满足感。如今，服务在消费者的购物决策中扮演的角色越发关键，所以，越来越多的企业开始重视提升自身的服务质量，甚至转型服务型企业来赢得消费者的信任与认可。

具体来看，企业的服务主要包括三种类型：一是具体的服务，例如，购买家电后商家提供免费送货上门及安装维修服务等；二是精神层面上的服务，例如，商家所强调的微笑服务；三是面向企业级客户的运营产业链服务，例如，网红孵化公司为网红团队提供供应链管理及网店代运营服务等。

在市场竞争越发激烈的背景下，服务已经成为企业实现移动互联网时代的转型升级，并构建核心竞争力的重要手段。

时尚新概念女装品牌“白领”，是强调通过服务赢得消费者认可的典型代表，可能现在很多人都已经习惯了在服装店内喝免费的酒水、门店内摆放了很多鲜花等，但早在十几年前，白领就在其线下门店内做到了这些，在当时的很多消费者看来，这是相当不可思议的事情。

白领为门店中的消费者提供了十分完善的服务，其中部分服务甚至超出了顾客的想象，在白领的门店中，消费者可以真正享受到“上帝”

一般的待遇。以试衣间为例，白领的试衣间内提供了棉签、粉饼、袜子、浴袍、梳子、口红等各种女性顾客需要使用的物品。

很多人可能会对提供浴袍感到困惑，但这是充分考虑到了很多女性顾客试衣服时会试很多款的情况，让这类顾客试完一件衣服后，穿上自己的衣服出来，然后再挑选其他款式，无疑是一件相当麻烦的事情，而用一件浴袍就可以很好地解决这个问题。

经常前往白领门店购物的顾客会发现，门店内每天都会喷香水，但早上、中午及晚上的香水是有所不同的。甚至在门店发展初期，白领创始人苗鸿冰每天都会坚持在门店内为顾客提供服务。

苗鸿冰表示，为了让我们的产品能够在市场中具备较强的竞争力，我们必须为消费者提供优质而完善的服务，在产品同质化竞争越发激烈的背景下，如果忽略服务，企业会相当被动，一个品牌要想长期保持较强的活力与生命力，必须清醒地认识到服务是核心所在。

通过为消费者提供优质的服务，"白领"成功积累了一批忠实粉丝，不但为其带来了相当可观的利润回报，更通过口碑传播使白领在广大女性消费者心中建立起良好的品牌形象，为其近年来保持快速增长打下了坚实的基础。

专业男士正装品牌依文同样对服务十分重视。依文十分强调人文关怀，从表面上看，其产品风格十分简单，但事实上，产品的做工、材质等都十分优秀，这体现了依文所倡导的朴素消费观。

依文集团董事长夏华说："一个男人的所有财富并不是都要用于来打扮自己，更要想到父母的晚年、妻子的化妆品、孩子的教育等，男人在购买服装产品时，选择适合的风格即可。我们一直反对男人冲动购物。"

依文在每件衣服的吊牌上都记录了一个情感故事，这些故事源自于中国数十万个男人的真实经历，这些在平凡之中透露着伟大的故事，通过吊牌传播给顾客。顾客购买衣服的同时，也会被这种故事感动，从而使该故事及依文品牌在顾客的社交圈中得以传播开来。依文的服装绝不仅是一件用于让人们驱寒保暖、展示个性化的产品，而是充满了人性关怀与信任。

户外运动品牌探路者也是将服务做到极致的典型代表。探路者强调人文关怀、社会责任及积极健康的户外运动生活理念。在保护藏羚羊方面，除了 2005—2007 年连续三年举办“保护藏羚羊，我们一直在行动”的公益活动，2013 年，探路者又发起了“守护可可西里”公益活动，消费者代表和包括董事长盛发强在内的探路者团队，共同前往青海可可西里保护区参加了此次活动。

2009 年 8 月，探路者为“重走藏维路，发现大熊猫”四川雅安大熊猫及动物保护活动提供了价值 30 万元的装备赞助；2010 年，探路者为 2010 戈尔特斯“重走雪域乡邮路”团队提供了装备支持等。探路者举办的类似这种公益及赞助活动的案例还有很多，其热衷于公益事业、强调人文关怀的精神，使其品牌在广大消费者心中建立起了良好的形象。

孕婴行业领导品牌十月妈咪通过向消费者传递精神层面的服务，极大地提升了自身的品牌影响力。2009 年，十月妈咪发布了一部以小 S 为原型的、名为“请给孕妇让座”的公益广告短片。这部广告片在社会中引发了广泛关注，引发了人们对于给孕妇群体主动让座的思考，同时也让人们对十月妈咪品牌留下了深刻印象。

十月妈咪在消费者心中打造出了一个关爱孕妇群体的品牌形象，它将孕妇装与时尚女装有效结合起来，带给了孕妇群体全新的服装消费理念。目前，十月妈咪正在积极冲刺 IPO，从 2016 年 6 月发布的数据来看，其 2015 年度营收达到 2. 7 亿元，截至 2015 年底，已经在全国主要城市内打造了 240 家直营门店，加盟门店数量则达到了 314 家之多。

◎ 从制造业务向服务业务转型

在长期发展过程中，国内制造行业都聚焦于生产环节，却往往忽视

服务的价值。近年来，不同企业之间的产品差异化逐渐模糊，企业难以拓展自身利润空间，传统模式下生产出来的产品也难以满足消费者需求，这些因素都给制造业的传统模式带来了挑战。

不仅如此，世界性经济危机的影响并未消退，在此大背景下，国内制造行业的出口也受到限制，这使得我国的制造行业在国际市场上面临巨大挑战，为了获得更为长远的发展，国内制造业必须对传统业务模式加以改革。

对制造业的发展历程进行分析不难发现，西方发达国家的制造企业在初期阶段多重生产，后来开始重点打造自身的服务项目，随着企业的发展，服务业务所受的重视程度也在逐步提高，只有少数企业仍然局限于产品生产，这也是我国制造领域的发展方向。

就目前而言，国内制造业对服务业务的开发程度远不如西方发达国家。企业通过向服务业务模式转型，能够避免陷入同质化竞争的困境，拓展自身利润空间，提高客户黏度，进而提升自身的核心竞争力。

国内制造企业要实现服务转型，并不是一蹴而就的。对于早期发展阶段以产品为重的制造企业来说，其转型方式包括以下两种：

一种是以产品为前提开发服务业务，进一步优化消费者的产品拥有体验；另一种是推出独立于产品的专业服务，依靠企业在设计、产品供应、营销等环节积累的经验，服务于第三方企业。第一种转型方式能够承袭企业在以往发展过程中积累的优势，无须对原有业务模式进行彻底变革，企业无须承担过高的风险，更适合国内制造企业的转型。

在开发增值服务的过程中，企业需要站在客户的立场来分析问题，找出在构成价值链的不同环节中，可能给客户造成困惑的地方，通过自身运营为客户提供相应的解决方案。在开发服务业务时，企业应该对客户需求进行深挖，突出自身服务的特色，不断提高自身服务水平，保证服务提供的及时性与准确性，在为客户提供增值服务的同时，使企业从众多竞争者中脱颖而出。

在向服务化转型过程中，企业既要学习专业技能，也要沉淀自己的优势，在发展过程中不断走向成熟，将自己打造成解决方案提供商。在具体运营过程中，企业要通过推出优质方案进行客户内在需求的定位，还要在客户面临关键业务问题时，为其提供完善的服务，在方案执行过程中，客户无须担心实际操作过程中遇到的各类问题，也不用解决不同产品服务组件之间的协调矛盾，只需等待最终的成果。制造企业通过服务化转型，能够大大拓展自身的利润空间，在市场竞争中掌握更多的主动权。

要实现自身的服务化转型，企业只局限于开发自身的服务业务是远远不够的，为了给新业务的发展提供支持，企业需要对自身运营模式、业务模式进行相应调整与改革，并通过文化建设提高对服务的重视程度，做好人才培养与储备工作。

企业在转型过程中，首先要关注的是业务模式的选择。若企业能够根据自身定位采用相匹配的业务模式，既能体现自身服务业务的独特性，又能提高企业的核心竞争力，还能实现企业内部资源的整合，在实施业务战略的过程中，充分发挥企业的运营能力，进行人才调动与文化调整。

另外，要进行业务模式创新，企业就要发挥不同运营能力要素之间的协同作用，将运营流程、治理框架、绩效评估等环节结合起来，促进服务战略的执行。此外，企业应该关注人才培养和文化改革，促进企业整体竞争实力的提高。

经过 30 余年的改革开放，国内制造企业在今天面临重要的选择。如果在面临选择时裹足不前、徘徊停滞，企业中出现的结构性矛盾得不到解决，企业发展便看不到希望。在挑战面前，企业应该在了解外部市场变化的前提下进行自身转型，改革原有业务模式，开拓新的发展道路。

◎ 从产品向服务解决方案转型

对企业而言，转型的实现并非一蹴而就。在发展初期以产品生产为主导业务的制造企业，其服务转型方式包括两种：一种是以产品为前提开发服务业务；另一种是推出独立于产品的专业服务。其中，围绕服务业务开展运营的企业，在完成转型之后，会成为服务解决方案的提供商，并在发展过程中逐步走向成熟。

◆ 聚焦产品的初始阶段

在这个时期，企业以产品生产为核心，其收入来源主要是产品，除以售后维修服务为代表的基础性服务之外，企业不向客户提供其他服务项目。企业也并未组织、培养自己的服务人才，无法通过输出特色优质服务突显自身的竞争优势。

◆ 以产品为前期开发服务业务

企业围绕产品，向客户提供具有独特性的服务，使客户对自己的产品更为满意。无论是企业客户还是消费者个人，企业都有针对性的服务项目。除基础性的产品保障服务之外，企业还能向客户提供自己的特色服务，并通过这种方式提高客户黏度。与此同时，企业的收益也从原来的一次性交易收入，转变成与客户长期合作获得的收益。

◆ 独立于产品的专业服务模式

这种服务模式与传统的增值服务提供存在区别，企业的服务不再围绕其产品，而是把制造企业在设计、产品供应、营销等环节的优势拓展为服务项目，并向第三方企业输出。企业会组织专业的团队负责服务项目的执行，帮助客户解决在运营过程中出现的问题，例如，通过转让先进技术为客户提供技术支持；通过提供外包服务帮助企业实现成本控制，加速运营；等等。企业主要通过对外提供服务项目获得收益。

◆ 提供服务解决方案

在这个阶段，企业扮演着解决方案提供商的角色，围绕服务项目开展自身运营。在具体运营过程中，企业聚焦于分析与把握客户的内在需求，通过向客户提供服务来解决他们在发展过程中遇到的困难，通过提供解决方案来体现自身的价值。

为了推动新业务的发展，企业需要在发展过程中改革原有运营模式及业务模式，培养专业的服务人才，并对组织文化进行适当调整。另外，企业需要使自身解决方案具备较高的兼容性，能够适应其他公司的多元化需求，在实施过程中，要持续输出优质内容，通过打造高质量的服务来提高自己的核心竞争力。